Wok vegetarisch

W0280486

Rezept	Seite	Kalorien/Portion	Gelingt leicht	Schnell	Raffiniert	Für Gäste	Gut vorzubereiten	Vegane* Gerichte	Preiswert	Scharf
Blumenkohl mit Korianderdip	6	145		●					●	●
Sautierte Pilze auf Spinatsalat	6	175	●	●				●		●
Gemüse-Erdnußbällchen auf Mango	8	205				●	●			
Scharf mariniertes Gemüse	8	180				●	●	●		
Käsestäbchen mit Minz-Joghurtsauce	10	395			●		●			
Käsewürfel mit Johannisbeersauce	11	545	●		●					
Frühlingsrollen mit Gemüsefüllung	12	310				●	●	●		●
Reispapierrollen mit Erdnußsauce	14	145	●				●			
Hefeteig-Gemüse-Taschen	14	330				●	●	●		●
Scharfes Gemüse in Kokossauce	18	205	●		●			●		●
Buntes Pfannengemüse	18	430	●			●		●		
Spargel-Spinat-Gemüse mit Pilzen	20	145			●	●		●		
Kartoffel-Wirsing-Curry	21	260	●						●	
Mittelmeergemüse	22	270			●	●				
Süß-saure Kartoffeln	22	185		●				●	●	●
Kohlrabi mit Rucolacreme	24	140	●	●					●	
Glasiertes Wurzelgemüse	24	155		●					●	
Auberginen-Safran-Wok	25	260		●				●		
Artischocken mit Pilzen	25	295			●	●		●		
Gedämpfte Chinakohl-Päckchen	26	265	●		●					
Gemüse im Spinatblatt	26	70			●	●		●		
Kartoffelpflänzchen	28	325			●		●			●
Zuckerschoten mit Zitronengras	30	550	●	●				●		●
Gemüse mit Bananen und Erdnußsauce	31	460		●	●			●		●
Ausgebackenes Gemüse	32	455	●						●	●

GU Rezept -

Rezept	Seite	Kalorien/Portion	Gelingt leicht	Schnell	Raffiniert	Für Gäste	Gut vorzubereiten	Vegane* Gerichte	Preiswert	Scharf
Gemüsebällchen mit Ingwersauce	32	195			●	●				●
Eierstückchen mit Gemüse	36	260	●	●					●	●
Rührei mit süß-scharfem Gemüse	37	300	●						●	
Tofu mit Sesamspinat	38	270			●		●	●		
Tofu mit Pilzen und Lauch	38	300	●					●		
Tofu süß-sauer	40	270			●	●		●		
Tofucurry mit Pfannkuchen	40	485	●				●	●		
Eierkuchen mit Ricotta	42	430			●		●			
Kartoffelbällchen	42	425			●		●			
Rosmarinkartoffeln mit Schafkäse	44	605	●	●	●					●
Buntes Mangoldgemüse mit Ricotta	45	205	●		●					
Reisbällchen mit Gurkensauce	48	425			●		●			●
Reispflänzchen mit Lauchblatt	48	540				●	●			
Hirse mit Bohnen und Pilzen	50	375					●	●	●	●
Gebratener Curryreis	50	475	●						●	
Selleriereis mit Rosinen	52	540	●		●			●		
Kokosreis mit Zuckerschoten	53	425	●		●			●		
Knuspernudeln mit Mais-Spinat	54	390			●		●	●		●
Pfifferlingsnudeln mit Zitrone	54	375	●	●			●			
Reisnudeln mit Wirsing und Pilzen	56	415	●	●				●	●	
Suppe mit chinesischen Wan-Tans	56	510				●	●			
Süßscharfe Buchweizennudeln	58	405	●					●		●
Udonnudeln mit Spargel	59	345	●		●			●		
Glasnudeln mit Gemüsetatar	60	305			●	●				
Glasnudeln mit Paprika und Sprossen	60	440	●		●					●

* ohne Verwendung von tierischen Produkten

Wegweiser

Feine Kleinigkeiten

Wer sich entscheiden müßte zwischen einem Kochtopf und einer Pfanne, wäre mit einem Wok die Qual der Wahl im Handumdrehen los. Denn ein Wok – der Alleskönner aus den asiatischen Ländern – verbindet die Vorteile beider Kochgeräte. Kein Wunder, war und ist er doch in seiner Heimat das einzige Kochgefäß, in dem man von der Suppe über Gemüse und Nudeln bis zu Schmorgerichten alles kocht.

Die richtige Wahl

Wählen können Sie zwischen Woks aus Gußeisen, Stahlemail, Edelstahl mit Alukern und einfachem Eisen. Auch Kupferwoks sind im Handel. Auf dem Gasherd kommen Woks aus jedem Material erfolgreich zum Einsatz. Sie können sogar den preiswertesten Topf aus dem Asienladen nehmen. Das einzige Zubehör, das man für das Garen auf dem Gasherd braucht, ist ein spezieller Metallring, den man auf die Kochstelle setzt, damit der Wok beim Garen fest und sicher steht.
Für einen Elektroherd eignen sich Woks aus Gußeisen, Stahlemail und Edelstahl sehr gut. Sie heizen gleichmäßig auf und speichern die Hitze lange. Besonders attraktiv sind Gußeisenwoks, sie lassen sich auch gut zum Servieren verwenden und sehen dem Original am ähnlichsten.
Für alle Woks gilt, daß sie innen am Boden gerundet sein sollten. Nur dann läßt sich in ihnen pfannenrühren. Es werden Woks in verschiedenen Größen angeboten. Kaufen Sie einen Wok mit ca. 32 cm Durchmesser (am oberen Rand gemessen). So können Sie sowohl große als auch kleine Mengen problemlos zubereiten.

Ein Wok aus Edelstahl

Garen am Tisch

Es werden auch Woks für das Garen am Tisch angeboten. Sie werden mit einem Rechaud, mit Universalbrenner oder über eine elektrische Kochplatte beheizt. Mit einem Rechaud ist es oft schwierig, die nötige Hitze für den Garvorgang zu erreichen, denn Rechauds eignen sich besser zum Warmhalten bereits fertiger Gerichte.
Tischwoks bieten Ihnen zusätzlich die Möglichkeit, sie als Fondue- oder Feuertopf zu benutzen.

Besondere Pflege

Vor dem ersten Benutzen den Wok mit heißem Wasser und etwas Spülmittel gründlich ausspülen, trocknen und auf der mittelheißen Herdplatte langsam erwärmen. Dann mit Öl ausstreichen. Jetzt können Sie mit dem Garen beginnen.
Ein Wok muß sich »einarbeiten«. Sie werden sehen, daß das Garen von Mal zu Mal besser gelingt. Das liegt daran, daß der Wok bei jedem Garen etwas Fett aufnimmt. Wenn Sie also beim ersten Benutzen noch nicht ganz zufrieden mit dem Ergebnis sind, geben Sie nicht gleich auf, sondern lassen Sie sich und Ihrem Wok noch etwas Zeit.

Richtig reinigen

Wer seinen Wok häufig benutzt, reinigt ihn nach jedem Garen gründlich mit heißem Wasser und der Spülbürste. Bei hartnäckigen Verunreinigungen etwas Spülmittel benutzen. Anschließend abtrocknen, an der Luft nachtrocknen lassen und wegstellen.
Wer dagegen nur selten mit dem Wok kocht, ist gut beraten, ihn nach jedem Reinigen zusätzlich mit einer dünnen Ölschicht auszureiben. Dazu eignet sich am besten ein weiches Tuch. Durch die Ölschicht ist das Metall das Woks gut geschützt und Gußeisen wird vor dem Rosten bewahrt.

Zubehör für mehr Spaß

Mitgeliefert werden meist eine Bratschaufel, ein Paar lange Stäbchen zum Kochen und ein halbrundes Gitter, das man am Rand des Woks einhängen kann. Die Stäbchen sind vor allem für Geübte im Umgang mit asiatischen Eß- und Arbeitsstäben geeignet, Fritiertes läßt sich mit ihnen beispielsweise sehr gut wenden. Das Sieb dient dazu, bereits gegarte, größere Stücke abzulegen oder Fritiertes abtropfen zu lassen, während man andere Zutaten im Wok gart. Die Bratschaufel ist ideal zum Pfannenrühren, und mit ihr lassen sich bereits gegarte Zutaten zum Warmhalten weitflächig an den Rand schieben. Mehr brauchen Sie zum Garen im Wok nicht. Nützlich ist noch ein Schaumlöffel zum Herausheben von Fritiertem. Aber wahrscheinlich ist er in Ihrer Küche ohnehin vorhanden. Zu manchen Woks gehört als Standardausrüstung noch ein Holzgestell für den Wokboden, auf das man einen Einsatz oder einen Teller zum Dämpfen stellt.

Mit diesen Küchenhelfern kochen Sie nicht nur stilvoll asiatisch, sie sind zudem auch noch sehr praktisch.

Blumenkohl mit Korianderdip

- Schnell
- Preiswert

Für 4 Personen:

Für den Dip:
1/4 Bund Koriandergrün
1 Chilischote
1 Stück unbehandelte Zitronenschale
200 g Joghurt
Salz · schwarzer Pfeffer
Für den Blumenkohl:
1 Stück frischer Ingwer (etwa 1 cm lang)
1 EL Sesamsamen
2 Knoblauchzehen
1 EL Sojasauce
1 EL Reisessig oder milder Essig (z. B. Obstessig)
1 kleiner Blumenkohl (600–800 g)
2–3 EL Sonnenblumenöl
Salz

Zubereitungszeit: 25 Min.

Pro Portion ca.: 605 kJ/145 kcal
7 g EW/9 g F/9 g KH

1 Für den Dip den Koriander waschen, die Blättchen abzupfen. Einige zum Garnieren beiseite legen, die restlichen Blättchen fein hacken. Die Chilischote putzen, entkernen und waschen, dann fein würfeln. Die Zitronenschale fein hacken und mit dem gehackten Koriander und dem Chillie unter den Joghurt mischen. Mit Salz und Pfeffer abschmecken.

2 Für den Blumenkohl den Ingwer schälen und sehr fein hacken. Die Sesamsamen im Mörser zerstoßen. Knoblauch schälen und durch die Presse drücken. Diese Zutaten mit der Sojasauce und dem Essig verrühren.

3 Den Blumenkohl waschen, putzen, die einzelnen kleinen Röschen abschneiden. (Den verbleibenden Strunk für ein anderes Gericht, z. B. eine Suppe, verwenden.)

4 Den Wok erhitzen, das Öl darin heiß werden lassen. Den Blumenkohl darin unter Rühren bei starker Hitze in 5–7 Min. bißfest braten. Die Würzmischung dazugeben, weitere 2 Min. braten.

5 Den Blumenkohl eventuell mit etwas Salz abschmecken, mit dem Korianderdip servieren. Dazu schmeckt Fladenbrot.

TIP!

Der Blumenkohl bleibt beim Garen im Wok wunderbar knackig. Wer ihn lieber weicher hat, muß ihn 1–2 Min. in Salzwasser vorkochen.

Sautierte Pilze auf Spinatsalat

- Schnell
- Gelingt leicht

Für 4 Personen:

150 g zarter Blattspinat
150 g Kirschtomaten
1 1/2 EL Zitronensaft
Salz · schwarzer Pfeffer
3 EL Olivenöl
300 g kleine Champignons oder Egerlinge
1 Scheibe Vollkornbrot
1 Stück Chilischote
1 kleines Bund Petersilie
2 Knoblauchzehen
2 EL neutrales Öl

Zubereitungszeit: 30 Min.

Pro Portion ca.: 735 kJ/175 kcal
4 g EW/15 g F/7 g KH

1 Den Spinat von allen welken Blättern und den groben Stielen befreien und in stehendem kaltem Wasser mehrmals gründlich waschen. Gut trockenschwenken und auf Tellern auslegen.

2 Kirschtomaten waschen und halbieren oder vierteln. Auf dem Spinat verteilen. Für das Dressing Zitronensaft mit Salz, Pfeffer und Olivenöl gründlich verquirlen.

3 Pilze mit Küchenpapier sauber abreiben, von den Stielenden befreien und vierteln. Vollkornbrot von der Rinde befreien und in kleine Würfel schneiden. Chilischote waschen, putzen und fein hacken. Petersilie waschen, die Blättchen ebenfalls fein hacken. Knoblauch schälen.

4 Wok erhitzen, das Öl darin heiß werden lassen. Pilze darin bei starker Hitze unter Rühren 3–4 Min. braten, dann an die Seite schieben. Brot in den Wok geben und knusprig werden lassen. Chillie und Petersilie untermischen, Knoblauch dazupressen und alles kurz braten, dann mit Salz und Pfeffer abschmecken.

5 Dressing über den Salat träufeln, Pilze mit Brot mischen, darüber verteilen und sofort servieren.

TIP!

Der Salat schmeckt nur mit wirklich zartem Blattspinat. Als Ersatz können Sie Rucola, Eichblattsalat oder Portulak nehmen. Auch Feldsalat oder Brunnenkresse schmecken gut.

Im Bild vorne: Blumenkohl mit Korianderdip
Im Bild hinten: Sautierte Pilze auf Spinatsalat

Gemüse-Erdnußbällchen auf Mango

- Für Gäste
- Gut vorzubereiten

Für 4 Personen:

- 300 g gemischtes Gemüse (Möhren, Knollensellerie, Kartoffeln, Zucchini und Topinambur)
- 1 Mango
- 2 Frühlingszwiebeln
- 1 EL Zitronensaft
- 1 TL flüssiger Honig
- 50 g gesalzene Erdnüsse
- 2 Knoblauchzehen
- 1 Stück frischer Ingwer (etwa 2 cm lang)
- 1 Eiweiß
- 2 TL Speisestärke
- Salz · schwarzer Pfeffer
- 3 EL neutrales Öl

Zubereitungszeit: 55 Min.

Pro Portion ca.: 860 kJ/205 kcal
7 g EW/13 g F/16 g KH

1 Gemüse waschen, putzen und in etwa 2 cm große Würfel schneiden. Im Wok 2 cm hoch Wasser zum Kochen bringen. Gemüse in den Dämpfeinsatz legen und über dem heißen Wasserdampf zugedeckt 15–20 Min. dämpfen, bis es weich ist. Etwas abkühlen lassen.

2 Die Mango schälen und das Fruchtfleisch in feinen Scheiben vom Stein abschneiden. Frühlingszwiebeln waschen, putzen und fein hacken. Mango mit Frühlingszwiebeln, Zitronensaft und Honig mischen und auf Tellern anrichten.

3 Die Erdnüsse fein mahlen. Knoblauch und Ingwer schälen und beides durch die Knoblauchpresse drücken. Gemüse mit einer Gabel fein zerdrücken oder im Mixer zerkleinern und mit Erdnüssen, Knoblauch, Ingwer, Eiweiß und Speisestärke vermischen. Mit Salz und Pfeffer würzen und zu etwa walnußgroßen Bällchen formen.

4 Den Wok erhitzen, Öl darin heiß werden lassen. Die Gemüsebällchen in den Wok geben und unter vorsichtigem Wenden 5–6 Min. braten, bis sie rundherum schön braun sind. Die Bällchen herausnehmen und heiß auf den Mangoscheiben anrichten. Sofort servieren.

TIP!

Sie können die Bällchen gut schon 1 Std. vorher vorbereiten und bis zum Braten nebeneinander auf einem Küchenbrett bereit halten.

Scharf mariniertes Gemüse

- Gut vorzubereiten
- Für Gäste

Für 4 Personen:

- 8 kleine Zwiebeln
- 4 Knoblauchzehen
- 1 rote Paprikaschote
- 1 Zucchino
- 1 kleine Aubergine
- 2 rote Chilischoten
- 1 unbehandelte Zitrone
- einige Zweige frischer Thymian
- 1 EL Pinienkerne
- 4 EL Olivenöl (oder neutrales Öl)
- 100 ml trockener Weißwein (oder Gemüsebrühe)
- Salz

Zubereitungszeit: 30 Min.
Marinierzeit: 4 Std.

Pro Portion ca.: 755 kJ/180 kcal
5 g EW/10 g F/23 g KH

1 Die Zwiebeln und den Knoblauch schälen und halbieren. Die Paprikaschote waschen, halbieren, putzen und in Streifen schneiden. Den Zucchino und die Aubergine waschen, putzen, Aubergine längs halbieren und alles in Scheiben schneiden.

2 Die Chilischoten waschen, vom Stielansatz und den Kernen befreien und in Streifen schneiden. Die Zitrone heiß waschen, ein Viertel der Schale fein abschneiden und in Streifen teilen. Die Zitrone halbieren, eine Hälfte auspressen. Den Thymian waschen, die Blättchen von den Stielen streifen.

3 Den Wok erhitzen, die Pinienkerne darin ohne Fett unter Rühren braten, bis sie goldgelb sind. Auf einem Teller beiseite stellen.

4 Das Öl im Wok heiß werden lassen. Paprika, Zucchino und Aubergine mit den Zwiebeln und dem Knoblauch hineingeben und bei starker Hitze unter Rühren 5 Min. braten, bis alles gebräunt und bißfest ist. Den Thymian kurz mitbraten.

5 Das Gemüse in eine flache Form geben. Zitronensaft und -schale, Wein und Chilistreifen in den Wok geben, den Bratsatz loskochen, salzen und über das Gemüse gießen. Mindestens 4 Std. marinieren.

6 Das Gemüse mit den Pinienkernen bestreuen. Die restliche Zitronenhälfte vierteln und darauf anrichten. Dazu schmeckt (Vollkorn-)Baguette.

VARIANTEN

Einen Teil der Gemüse können Sie durch Pilze, geputzt und je nach Größe halbiert oder geviertelt, ersetzen. Wer eine ganz andere Mischung bevorzugt, nimmt Chinakohl in Streifen, grünen Spargel und reichlich Frühlingszwiebeln.

TIP!

Selbstverständlich können Sie dieses Gemüse auch in der Pfanne zubereiten, aber der Wok hat viele Vorzüge: Die große Innenfläche gibt die Hitze schnell und gleichmäßig an das Gemüse ab. Die Poren schließen sich schnell. So bleibt es knackig und vitaminreich. Diese Zubereitungsart spart Zeit, erhält den typischen Geschmack der Zutaten und ermöglicht das Garen mit wenig Fett.

Im Bild vorne: Scharf mariniertes Gemüse
Im Bild hinten: Gemüse-Erdnußbällchen auf Mango

Käsestäbchen mit Minz-Joghurtsauce

- Raffiniert
- Gut vorzubereiten

Für 4 Personen:

Für die Käsestäbchen:
1 Bund Dill
1 EL Pistazienkerne
200 g Schafkäse
1 EL Sahne
schwarzer Pfeffer
6–10 Yufka- oder Fillo-Teigblätter (je nach Größe, aus dem griechischen Laden)
Für die Sauce:
2 Möhren
2 Knoblauchzehen
einige Zweige frische Pfefferminze
1 EL Butter · 300 g Joghurt
Salz · Pfeffer
Außerdem:
1/2 l neutrales Öl zum Fritieren

Zubereitungszeit: 35 Min.

Pro Portion ca.: 1650 kJ/395 kcal
16 g EW/23 g F/29 g KH

1 Für die Käsestäbchen Dill waschen, die Spitzen fein hacken. Pistazien ebenfalls fein hacken. Schafkäse mit einer Gabel fein zerdrücken, mit Sahne, Dill und Pistazien verrühren und mit Pfeffer pikant abschmecken.

2 Teigblätter auf der Arbeitsfläche ausbreiten, je 2 aufeinanderlegen und halbieren oder vierteln. Die Teigränder mit kaltem Wasser bepinseln. Jeweils etwas Schafkäsefüllung auf die Teigblätter geben und die Blätter zu dünnen Röllchen aufrollen. Die Teigenden ebenfalls mit Wasser bepinseln und an die Röllchen drücken.

3 Für die Sauce die Möhren schälen, putzen und fein raspeln. Knoblauch schälen und durch die Presse drücken. Pfefferminze waschen und die Blättchen sehr fein hacken.

4 Den Wok erhitzen, die Butter darin schmelzen lassen. Die Möhren mit dem Knoblauch darin 1 Min. braten, dann in eine Schüssel geben und etwas abkühlen lassen. Mit der Minze und dem Joghurt verrühren und mit Salz und Pfeffer abschmecken.

5 Den Wok mit Küchenpapier ausreiben und wieder erhitzen. Das Öl zum Fritieren darin heiß werden lassen.

6 Teigröllchen im heißen Öl 4–5 Min. fritieren, auf Küchenpapier kurz abfetten lassen und heiß mit der Joghurtsauce servieren.

Käsewürfel mit Johannisbeersauce

- Raffiniert
- Gelingt leicht

Für 4 Personen:

Für die Sauce:
1 rote Zwiebel
250 g rote Johannisbeeren
75 g Zucker
1 Gewürznelke
1/2 Zimtstange
Für die Käsewürfel:
300 g Camembert
1 Ei
50 g Semmelbrösel
50 g fein geriebene Haselnüsse (oder Mandeln)
Cayennepfeffer
1/2 l neutrales Öl zum Fritieren

Zubereitungszeit: 35 Min.
Ruhezeit: 1 Std.

Pro Portion ca.: 2290 kJ/545 kcal
24 g EW/33 g F/40 g KH

1 Für die Sauce die Zwiebel schälen und sehr fein hacken. Die Johannisbeeren waschen und von den Rispen streifen. (Das geht am besten mit einer Gabel.)

2 Die Johannisbeeren mit der Zwiebel und dem Zucker in einem Topf mischen, Nelke und Zimt hinzufügen und 1 Std. Saft ziehen lassen. Dann zum Kochen bringen und bei mittlerer Hitze 5 Min. köcheln lassen, bis die Sauce dickflüssig wird. Nelke und Zimt entfernen. Die Sauce in ein Schälchen füllen und abkühlen lassen.

3 Für die Käsewürfel den Camembert in etwa 1 cm große Würfel schneiden. Das Ei in einem tiefen Teller verschlagen. Semmelbrösel, Nüsse und Cayennepfeffer in einem zweiten Teller mischen. Die Käsewürfel zuerst im Ei, dann in der Bröselmischung wenden.

4 Den Wok erhitzen, das Öl darin heiß werden lassen. Dann die Käsewürfel 2 Min. fritieren, bis sie schön gebräunt sind. Auf Küchenpapier kurz abfetten lassen und mit der Sauce servieren.

TIP!

Milder und noch aromatischer wird die Sauce mit den vitaminreichen schwarzen Johannisbeeren, die allerdings seltener angeboten werden als die roten.

Frühlingsrollen mit Gemüsefüllung

- Gut vorzubereiten
- Für Gäste

Für 4 Personen:

25 g Glasnudeln
10 getrocknete Mu-Err-Pilze
100 g Tofu
150 g Chinakohl
1 Möhre
1 Bund Frühlingszwiebeln
1 Bund Schnittlauch
1 Stück frischer Ingwer (etwa 2 cm lang)
14 Frühlingsrollenblätter (tiefgefroren)
1 EL Sesamöl
Salz
1 EL Speisestärke
1/2 l neutrales Öl zum Fritieren
süßscharfe Sauce zum Dippen (Fertigprodukt)

Zubereitungszeit: 1 Std.
Einweichzeit: 30 Min.

Pro Portion ca.: 1295 kJ/310 kcal
6 g EW/21 g F/26 g KH

1 Die Glasnudeln in heißem Wasser 30 Min. einweichen. Die Pilze in einer anderen Schüssel ebenfalls 30 Min. in warmem Wasser quellen lassen.

2 Inzwischen den Tofu abtropfen lassen und zerkrümeln. Den Chinakohl waschen, von den dicken Blattrippen befreien und in möglichst feine Streifen schneiden. Die Möhre schälen, putzen und in feine Stifte (Juliennes) schneiden. Die Frühlingszwiebeln putzen, gründlich waschen und mit den hellgrünen Teilen in feine Ringe schneiden. Den Schnittlauch waschen und in etwa 1 cm lange Stücke teilen. Den Ingwer schälen und sehr fein hacken.

3 Die Frühlingsrollenblätter zum Auftauen einzeln auslegen. Die Glasnudeln abtropfen lassen und mit einer Küchenschere in 2 cm lange Stücke schneiden. Die Pilze abtropfen lassen, von den harten Stielen befreien und in Streifen schneiden.

4 Den Chinakohl, die Möhre, die Frühlingszwiebeln und den Schnittlauch mit den Glasnudeln, dem Tofu, den Pilzen und dem Ingwer mischen und mit Sesamöl und Salz abschmecken.

5 Die Frühlingsrollenblätter halbieren. Zum Verkleben die Speisestärke mit etwa 1 EL Wasser dickflüssig anrühren.

6 Jeweils etwas Gemüsefüllung auf die untere Hälfte der Teigstücke geben.

Die Ränder über der Füllung etwas einklappen, mit ein wenig Speisestärke bepinseln und die Teigplatten aufrollen. Das Teigende gut andrücken. Auf diese Weise alle Frühlingsrollen herstellen.

7 Den Wok erhitzen und das Öl darin heiß werden lassen. (Es ist heiß genug, wenn an einem Holzstäbchen, das man hineinhält, viele kleine Bläschen aufsteigen.)

8 Die Frühlingsrollen in 3–4 Portionen jeweils 2–3 Min. fritieren, bis sie schön gebräunt sind. Dann auf Küchenpapier kurz abfetten lassen und anschließend im auf 50° vorgeheizten Backofen warm halten. Die Frühlingsrollen mit der süßscharfen Sauce heiß servieren. Am besten mit den Fingern essen und in die süßscharfe Sauce dippen.

VARIANTEN

Die Zusammenstellung der Gemüsesorten bleibt ganz Ihrem persönlichen Geschmack überlassen. So schmeckt auch Blattspinat (er muß allerdings blanchiert werden), und statt Chinakohl können Sie auch Weißkohl nehmen. Die getrockneten Pilze lassen sich durch frische Shiitake- oder Austernpilze ersetzen, die man in Streifen schneidet und im Wok in 1 EL Öl 2–3 Min. pfannenrührt. Dann etwas abkühlen lassen und mit den übrigen Zutaten mischen.

TIP!

In einer Packung tiefgefrorener Teigblätter sind mehr als 14 Stück. Sie können aber die Packung, nachdem Sie die benötigten Blätter vorsichtig entnommen haben, wieder verschließen und (eventuell in einen großen Gefrierbeutel gepackt) zurück in die Gefriertruhe legen.

Reispapierrollen mit Erdnußsauce

- Gelingt leicht
- Gut vorzubereiten

Für 2 Personen:

- 8 Reispapierblätter (aus dem Asienladen)
- 2 Eier
- 1 EL Sesamöl · Salz
- 4 kräftige Kopfsalatblätter
- je einige Zweige Koriandergrün und Zitronenmelisse
- 1 rote Paprikaschote
- 1 Bund Frühlingszwiebeln
- 50 g Sojasprossen
- 1 Bund Schnittlauch
- Pfeffer
- etwas Öl
- 2 EL Satésauce (aus dem Asienladen)
- 1 EL Zitronensaft
- 1/2 EL Sojasauce
- 1 EL gesalzene Erdnüsse

Zubereitungszeit: 40 Min.

Pro Portion ca.: 1200 kJ/290 kcal
16 g EW/18 g F/18 g KH

1 Die Reispapierblätter zwischen feuchten Küchentüchern ausbreiten. In 15 Min. weich werden lassen.

2 Im Wok etwa 3 cm hoch Wasser zum Kochen bringen. Die Eier mit dem Sesamöl und Salz in einer flachen Schale verrühren, in den Dämpfeinsatz stellen und diesen in den Wok stellen. Eier zugedeckt bei mittlerer Hitze in 10 Min. stocken lassen und klein würfeln.

3 Salatblätter waschen, in Streifen schneiden. Kräuterblättchen waschen, abzupfen. Paprikaschote und Frühlingszwiebeln waschen, putzen, in feine Streifen schneiden. Die Sprossen waschen. Schnittlauch waschen, in Röllchen schneiden.

4 Für die Füllung Gemüse, Salat, Sprossen, Kräuter und Ei mischen. Mit Salz und Pfeffer würzen.

5 Je 2 Reispapierblätter aufeinanderlegen. Füllung darauf verteilen. Teigränder mit kaltem Wasser bepinseln, an den Seiten nach innen schlagen, Blätter aufrollen. Enden gut andrücken. Reispapierrollen nebeneinander in den eingefetteten Dämpfeinsatz legen. Wasser im Wok auf 3 cm Höhe auffüllen, Einsatz hineinstellen und Rollen bei starker Hitze zugedeckt 5 Min. dämpfen.

6 Satésauce mit Zitronensaft, Sojasauce und 1 EL Wasser verrühren. Erdnußkerne fein hacken. Die Sauce in vier kleine Schälchen füllen, mit Erdnüssen bestreuen. Die Reispapierrollen mit der Sauce servieren.

Hefeteig-Gemüse-Taschen

- Gut vorzubereiten
- Für Gäste

Für 4 Personen:

Für den Teig:
- 250 g Mehl
- 1/4 Würfel frische Hefe
- Salz

Für die Füllung:
- 150 g frische Shiitake- oder Austernpilze
- 1 Stück Kürbis (geputzt gewogen etwa 200 g)
- 2 Knoblauchzehen
- 2 EL Öl
- 1 EL Sesamsamen
- 1 TL abgeriebene unbehandelte Zitronenschale
- Salz · schwarzer Pfeffer

Für die Sauce:
- 1 Stück rote Paprikaschote
- 1 Stück frischer Ingwer (1–2 cm lang)
- 1 Chilischote
- 50 ml Gemüsefond
- 1 EL Reisessig
- 1 EL Sojasauce

Zubereitungszeit: 1 1/2 Std.

Pro Portion ca.: 1390 kJ/330 kcal
10 g EW/9 g F/53 g KH

1 Für den Teig das Mehl in eine Schüssel geben. Die Hefe in 1/8 l lauwarmem Wasser verrühren und mit 1 kräftigen Prise Salz unter das Mehl mischen. Den Teig an einem warmen Ort zugedeckt etwa 30 Min. gehen lassen.

2 Inzwischen für die Füllung die Pilze mit Küchenpapier sauber abreiben, von den harten Stielen befreien und in feine Streifen schneiden. Den Kürbis schälen und von den Kernen mit dem faserigen Fruchtfleisch befreien. Den Kürbis in feine, nicht zu lange Stifte schneiden. Den Knoblauch schälen und fein hacken.

3 Den Wok erhitzen, das Öl darin heiß werden lassen. Die Pilze darin unter Rühren bei starker Hitze 2 Min. braten. Sesamsamen dazugeben und weiterbraten, bis sie würzig duften.

4 Die Pilze in eine Schüssel füllen, mit dem Kürbis und dem Knoblauch mischen und mit Zitronenschale, Salz und Pfeffer pikant abschmecken.

5 Den Teig noch einmal durchkneten, dann in etwa 20 Stücke teilen. Die Teigstücke jeweils auf wenig Mehl zu Kreisen von etwa 10 cm Ø ausrollen. Die Füllung jeweils in die Mitte der Teigstücke geben. Die Teigränder nach oben ziehen und über der Füllung wie ein Säckchen zusammendrücken.

6 Für die Sauce das Paprikastück waschen

und sehr fein hacken. Den Ingwer schälen und fein reiben. Die Chilischote putzen, waschen und ebenfalls fein zerkleinern.

7 Diese Zutaten mit dem Gemüsefond, 50 ml Wasser, dem Reisessig und der Sojasauce verrühren. In vier Schälchen verteilen.

8 Die Teigtaschen nebeneinander in den Bambusdämpfer setzen. (Wenn er nicht groß genug ist, müssen Sie die Taschen portionsweise dämpfen.)

9 Abgekühlten Wok heiß ausspülen, dann darin etwa 3 cm hoch Wasser zum Kochen bringen. Den Dämpfeinsatz hineinstellen und die Täschchen zugedeckt bei starker Hitze 6–8 Min. dämpfen, bis sie schön aufgegangen sind. In Schälchen füllen, mit etwas Sauce bedecken und essen.

Im Bild vorne: Hefeteig-Gemüse-Taschen
Im Bild hinten: Reispapierrollen mit Erdnußsauce

Gemüse als Hauptsache

Gemüse ist ideal zum Garen im Wok geeignet. Es schmeckt durch die kurzen Garzeiten und die sich beim Braten bildenden Röststoffe besonders aromatisch, bewahrt die Inhaltsstoffe sehr gut, ist attraktiv in der Farbe und im Handumdrehen fertig. Nicht nur für Vegetarier ein Hochgenuß!

Das Schneiden steht am Anfang

Wichtigstes Prinzip beim Garen im Wok sind kleingeschnittene Zutaten, die bei starker Hitze rasch unter ständigem Rühren gegart werden. So bleiben Vitamine und Mineralstoffe optimal erhalten. Je länger die Garzeit der Gemüsesorte an sich ist, desto kleiner muß sie geschnitten werden. Grüne Bohnen zum Beispiel werden schneller gar, wenn man sie schräg in schmale Streifen schneidet. Besonders wichtig: Werden Gemüse mit unterschiedlicher Garzeit zusammen in einem Gericht verarbeitet, muß entweder das mit der längeren Garzeit feiner geschnitten werden oder aber schon einige Minuten im Wok gegart werden, bevor die übrigen Sorten hinzukommen.

So garen Sie richtig

- Bereiten Sie immer alles vor, bevor Sie mit dem Garen beginnen, denn die Garzeiten sind so kurz, daß zwischendurch nichts mehr geputzt oder geschnitten werden kann.
- Geben Sie nicht zu viele Zutaten auf einmal in den Wok, denn sonst fällt die Temperatur im Wok zu sehr ab und sie braten nicht mehr, sondern garen im eigenen Saft, der dadurch austritt.

Die Vorbereitung benötigt die meiste Zeit

- Die Zutaten, die eine längere Garzeit haben, immer zuerst braten, dann an den Rand des Woks schieben. Die gerundeten Seitenwände sind so warm, daß die Zutaten heiß bleiben, aber nicht weitergaren.
- Die Garzeit von Gemüse hängt von seiner Frische ab. Erntefrisches Gemüse enthält viel Wasser, das die Hitze im Gargut gut leitet. Dadurch wird es schneller gar als verwelktes.
- Falls die Hitze einmal zu hoch wird, das Öl beginnt zu rauchen, ziehen Sie den Wok von der Herdplatte, schalten die Hitze zurück und warten, bis die Platte etwas abgekühlt ist.
- Gemüse erst gegen Ende der Garzeit salzen. Es zieht sonst Wasser und dünstet statt zu braten.

Ideale Garmethoden

Drei Arten des Garens sind besonders typisch für den Wok.

Pfannenrühren

Die Hauptzubereitungsmethode im Wok wird so genannt, weil man die Zutaten während des Garens ständig mit dem Kochlöffel oder den Eßstäbchen im Wok bewegt. So gelangen alle Zutaten zwischendurch wieder an den Boden des Woks, wo die Hitze am größten ist, aber nur so kurz, daß sie bei der starken Hitze nicht verbrennen.

Fritieren

Durch den kleinen Umfang am Wokboden brauchen sie wesentlich weniger Fett als im herkömmlichen Topf. Damit sich die Poren beim Gemüse sehr schnell schließen, muß das Fett ausreichend heiß sein, (an einem in das Fett gehaltenen Holzstab müssen viele Bläschen aufsteigen), sonst saugen sich manche Sorten wie Kartoffeln voll Fett.
Übrigens: Das Fritierfett können Sie drei- bis fünfmal verwenden. Lassen Sie es nach dem Fritieren abkühlen, filtern es und füllen es mit einem Trichter zurück in eine Flasche.

Dämpfen

Sie brauchen wenig Flüssigkeit zum Dämpfen, die nach dem Garen intensiv nach dem Gemüse schmeckt, und sich ideal als Grundlage einer Sauce eignet.
Zum Dämpfen können Sie einen asiatischen Bambusdämpfer nehmen, den Sie im Asienladen bekommen. Ebenso gut eignet sich ein zusammenklappbarer Einsatz aus Alu.
Wer keinen Einsatz hat, stellt eine hitzefeste Tasse umgedreht in den Wok oder ein speziell dafür gemachtes Holzgitter und setzt einen Teller mit den Zutaten darauf.

Das richtige Fett

Wegen der hohen Temperaturen beim Pfannenrühren und Fritieren brauchen Sie ein hitzebeständiges Fett. Gut geeignet sind Erdnuß-, Sonnenblumen- und Sojaöl, aber auch Olivenöl.

Kann alles roh in den Wok?

Im Prinzip muß kein Gemüse vor dem Garen im Wok vorgegart werden. Nur wenn Sie größere Stücke garen möchten, sollte es in möglichst wenig kochendem Salzwasser 2–6 Min. (je nach Sorte) vorgaren.

Vor dem Beginn des Garens alle Zutaten vorbereiten und möglichst in Griffnähe stellen.

Scharfes Gemüse in Kokossauce

- Raffiniert
- Gelingt leicht

Für 4 Personen:

300 g Chinakohl
1 rote Paprikaschote
1 Stange Lauch
250 g Zuckerschoten
2 Möhren
150 g frische Shiitake-Pilze
2 Schalotten
2 Knoblauchzehen
1–2 getrocknete Chilischoten
4 EL neutrales Öl
1 Dose Kokosmilch (400 g, aus dem Asienladen)
1 EL Zitronensaft
2 EL Sojasauce · Salz

Zubereitungszeit: 30 Min.

Pro Portion ca.: 850 kJ/205 kcal
7 g EW/9 g F/25 g KH

1 Chinakohl in die einzelnen Blätter zerteilen und waschen. Die Blätter in Streifen schneiden. Paprikaschote waschen, halbieren, putzen und in Rauten schneiden. Lauch putzen, gründlich waschen und mit den hellen Teilen in 1/2 cm breite Ringe schneiden. Zuckerschoten waschen und putzen. Möhren schälen, putzen und in dünne Scheiben hobeln. Pilze mit Küchenpapier sauber abreiben, von den Stielen befreien und in Streifen schneiden.

2 Schalotten und Knoblauch schälen und fein hacken. Chilischoten im Mörser zerreiben.

3 Den Wok erhitzen, das Öl darin heiß werden lassen. Möhren mit Lauch und Zuckerschoten dazugeben, bei starker Hitze 3 Min. pfannenrühren. Die Pilze mit Schalotten, Knoblauch und Chillie hinzufügen, weitere 2 Min. braten. Paprika und Chinakohl untermischen und weitere 2 Min. garen.

4 Das Gemüse an den Rand schieben. Kokosmilch in den Wok gießen und 2 Min. kochen lassen, dann das Gemüse untermischen.

5 Gemüse mit Zitronensaft, Sojasauce und Salz abschmecken und mit Reis servieren.

VARIANTEN

Nehmen Sie das Gemüse, das die Jahreszeit gerade bietet: Kartoffeln, Weißkohl und Erbsen, Spinat, Kirschtomaten und Zucchini oder Kürbis, Möhren und Broccoli.

Buntes Pfannengemüse

- Gelingt leicht
- Für Gäste

Für 4 Personen:

1 kleinere Süßkartoffel (etwa 200 g)
250 g breite Bohnen
1 Fenchelknolle
1 gelbe Paprikaschote
250 g Spinat
250 g Kirschtomaten
150 ml Gemüsebrühe
1 TL Speisestärke
4 EL neutrales Öl
2 EL Cashewkerne
Salz · schwarzer Pfeffer
eventuell Chiliöl zum Beträufeln

Zubereitungszeit: 40 Min.

Pro Portion ca.: 1790 kJ/430 kcal
34 g EW/12 g F/59 g KH

1 Süßkartoffel schälen und zuerst in Scheiben, dann in feine Stifte schneiden. Bohnen putzen, waschen und schräg in 1/2 cm breite Streifen teilen. Fenchel waschen, längs achteln und vom Strunk befreien. Den Fenchel in feine Streifen teilen. Paprikaschote waschen, halbieren, putzen und in feine Streifen schneiden. Spinat von allen welken Blättern und den groben Stielen befreien, in stehendem kaltem Wasser gründlich waschen und gut abtropfen lassen. Kirschtomaten waschen und halbieren. Gemüsebrühe mit Speisestärke verrühren.

2 Den Wok erhitzen, das Öl darin heiß werden lassen. Die Nüsse darin in 1 Min. knusprig werden lassen, mit dem Schaumlöffel herausheben.

3 Kartoffelstifte, Bohnen und Fenchel in das Öl geben und unter Rühren 3 Min. bei mittlerer Hitze braten. Restliches Gemüse außer Tomaten untermischen und bei starker Hitze weitere 3 Min. braten.

4 Dann die Brühe angießen und einmal aufkochen. Nüsse und Tomaten untermischen, alles mit Salz und Pfeffer abschmecken, nach Belieben mit Chiliöl beträufeln und servieren. Dazu paßt körnig gegarter Reis ebenso gut wie chinesische Eiernudeln.

Im Bild vorne: Scharfes Gemüse in Kokossauce
Im Bild hinten: Buntes Pfannengemüse

Spargel-Spinat-Gemüse mit Pilzen

- Raffiniert
- Für Gäste

Für 4 Personen:

500 g weißer Spargel
500 g zarter Blattspinat
250 g Champignons oder Egerlinge
1 unbehandelte Zitrone
1 großes Bund Petersilie
2 Knoblauchzehen
3 EL neutrales Öl
1 EL Sonnenblumenkerne
2 TL Zucker
50 ml Gemüsebrühe
Salz · weißer Pfeffer

Zubereitungszeit: 30 Min.

Pro Portion ca.: 610 kJ/145 kcal
9 g EW/8 g F/11 g KH

1 Den Spargel waschen, Enden abschneiden und die Stangen von oben nach unten gut schälen. Die Köpfchen abschneiden, die Stangen leicht schräg in etwa 1/2 cm dicke Scheiben schneiden. Den Spinat von allen welken Blättern und den dicken Stielen befreien, in stehendem kaltem Wasser waschen und abtropfen lassen. Die Pilze mit Küchenpapier sauber abreiben, von den Enden befreien und in Scheiben schneiden.

2 Die Zitrone heiß waschen und die Schale dünn abschälen. Die Petersilie waschen, die Blättchen abzupfen. Den Knoblauch schälen und mit Zitronenschale und Petersilie fein hacken.

3 Den Wok erhitzen, das Öl darin heiß werden lassen. Spargel hineingeben und bei starker Hitze unter Rühren 4–5 Min. braten. Die Pilze und die Sonnenblumenkerne dazugeben und mit dem Zucker bestreuen. Unter Rühren weitere 2 Min. braten.

4 Spinat untermischen und 1–2 Min. weiterbraten, bis die Blätter zusammengefallen sind. Die Gemüsebrühe unterrühren, alles mit Salz und Pfeffer abschmecken und auf vorgewärmte Teller geben. Mit der Zitronen-Petersilien-Knoblauch-Mischung bestreuen und servieren. Dazu schmecken Kartoffeln, aber auch mit Olivenöl beträufelte Nudeln.

TIP!

Wer grünen Spargel nimmt, muß ihn nicht schälen und nur 3–4 Min. braten.

Spargel-Spinat-Gemüse mit Pilzen

- Raffiniert
- Für Gäste

Für 4 Personen:

500 g weißer Spargel
500 g zarter Blattspinat
250 g Champignons oder Egerlinge
1 unbehandelte Zitrone
1 großes Bund Petersilie
2 Knoblauchzehen
3 EL neutrales Öl
1 EL Sonnenblumenkerne
2 TL Zucker
50 ml Gemüsebrühe
Salz · weißer Pfeffer

Zubereitungszeit: 30 Min.

Pro Portion ca.: 610 kJ/145 kcal
9 g EW/8 g F/11 g KH

1 Den Spargel waschen, Enden abschneiden und die Stangen von oben nach unten gut schälen. Die Köpfchen abschneiden, die Stangen leicht schräg in etwa 1/2 cm dicke Scheiben schneiden. Den Spinat von allen welken Blättern und den dicken Stielen befreien, in stehendem kaltem Wasser waschen und abtropfen lassen. Die Pilze mit Küchenpapier sauber abreiben, von den Enden befreien und in Scheiben schneiden.

2 Die Zitrone heiß waschen und die Schale dünn abschälen. Die Petersilie waschen, die Blättchen abzupfen. Den Knoblauch schälen und mit Zitronenschale und Petersilie fein hacken.

3 Den Wok erhitzen, das Öl darin heiß werden lassen. Spargel hineingeben und bei starker Hitze unter Rühren 4–5 Min. braten. Die Pilze und die Sonnenblumenkerne dazugeben und mit dem Zucker bestreuen. Unter Rühren weitere 2 Min. braten.

4 Spinat untermischen und 1–2 Min. weiterbraten, bis die Blätter zusammengefallen sind. Die Gemüsebrühe unterrühren, alles mit Salz und Pfeffer abschmecken und auf vorgewärmte Teller geben. Mit der Zitronen-Petersilien-Knoblauch-Mischung bestreuen und servieren. Dazu schmekken Kartoffeln, aber auch mit Olivenöl beträufelte Nudeln.

TIP!

Wer grünen Spargel nimmt, muß ihn nicht schälen und nur 3–4 Min. braten.

Kartoffel-Wirsing-Curry

- Gelingt leicht
- Preiswert

Für 4 Personen:

500 g festkochende Kartoffeln
1 kleiner junger Wirsing (etwa 500 g)
2 Zwiebeln
3 Tomaten
1 Stück frischer Ingwer (etwa 2 cm lang)
2 TL gemahlenes Kurkuma
je 1 TL gemahlener Kreuzkümmel und Koriander
je 1/2 TL Zimt- und Senfpulver
1/4 TL Cayennepfeffer
Salz
4 EL neutrales Öl
5 EL Joghurt
1/4 l Gemüsebrühe

Zubereitungszeit: 45 Min.

Pro Portion ca.: 1095 kJ/260 kcal
8 g EW/11 g F/32 g KH

1 Kartoffeln waschen, schälen und in 2 cm große Würfel schneiden. Wirsing von den äußeren Blättern befreien, waschen und vierteln. Die Viertel vom Strunk befreien und in feine Streifen schneiden. Zwiebeln schälen, halbieren und in Ringe schneiden.

2 Stielansätze der Tomaten entfernen. Tomaten kurz überbrühen, häuten und vierteln. Ingwer schälen und fein hacken. Alle Gewürze mit Salz mischen.

3 Wok erhitzen. Öl darin heiß werden lassen. Kartoffeln, Zwiebeln und Wirsing im Öl bei starker Hitze unter Rühren 5 Min. braten. Dann die Gewürzmischung mit dem Ingwer dazugeben und weitere 2 Min. braten, bis es würzig duftet.

4 Tomaten mit Joghurt und Gemüsebrühe dazugeben, eventuell noch etwas nachwürzen, dann zugedeckt bei mittlerer Hitze 12–15 Min. garen, bis Kartoffeln und Wirsing weich sind.
Zu diesem Curry schmeckt Reis oder indisches Fladenbrot.

TIP!

Kurkuma ist auch unter dem Namen Gelbwurz bekannt und Kreuzkümmel ist dasselbe wie Cumin.

Mittelmeergemüse

- Raffiniert
- Für Gäste

Für 4 Personen:

1 Aubergine
2 Zucchini
2 Stangen Staudensellerie
1 gelbe Paprikaschote
2 Tomaten
2 rote Zwiebeln
2 Knoblauchzehen
je 1 Zweig frischer Rosmarin und Thymian
8 getrocknete, in Öl eingelegte Tomaten
125 g Mozzarella
4 EL Olivenöl
1 EL Kapern
2 EL trockener Rotwein (ersatzweise Gemüsebrühe)
Salz · schwarzer Pfeffer

Zubereitungszeit: 30 Min.

**Pro Portion ca.: 1140 kJ/270 kcal
13 g EW/15 g F/23 g KH**

1 Die Gemüse waschen. Aubergine und Zucchini putzen und klein würfeln. Staudensellerie von den harten Fasern befreien und in Scheiben schneiden. Paprikaschote halbieren, putzen und in Streifen schneiden.

2 Stielansätze der Tomaten entfernen. Tomaten kurz überbrühen, häuten und würfeln. Zwiebeln und Knoblauch schälen, Zwiebeln halbieren und in Streifen schneiden. Knoblauch fein hacken. Kräuter waschen und von den Stielen zupfen.

3 Getrocknete Tomaten und Mozzarella abtropfen lassen. Tomaten in Streifen schneiden und Mozzarella klein würfeln.

4 Den Wok erhitzen, das Öl darin heiß werden lassen. Aubergine, Zucchini, Sellerie und Paprika hineingeben und bei starker Hitze unter Rühren 4 Min. braten. Knoblauch und Zwiebeln mit Kräutern dazugeben, noch 2 Min. braten.

5 Getrocknete und frische Tomaten mit Kapern untermischen. Wein angießen und alles mit Salz und Pfeffer abschmecken. Zugedeckt 3 Min. schmoren. Nochmals abschmecken, den Mozzarella über das Gemüse streuen und zugedeckt in 1 Min. leicht schmelzen lassen. Gemüse heiß servieren. Dazu passen Kartoffeln, Nudeln oder Brot.

Süß-saure Kartoffeln

- Preiswert
- Schnell

Für 2 Personen:

500 g festkochende Kartoffeln
1 Bund Frühlingszwiebeln
1 Stück rote Paprikaschote
2 Knoblauchzehen
2 getrocknete Chilischoten
4 EL neutrales Öl
1 EL Zucker
4 EL Aceto Balsamico (Balsamessig)
2 TL Sojasauce
1 kleines Bund Schnittlauch
Salz · schwarzer Pfeffer

Zubereitungszeit: 35 Min.

**Pro Portion ca.: 770 kJ/185 kcal
3 g EW/8 g F/24 g KH**

1 Die Kartoffeln schälen und auf dem Gurkenhobel in feine Scheiben schneiden. Die Scheiben fein stifteln. Frühlingszwiebeln waschen, putzen, in 5 cm lange Stücke schneiden und diese der Länge nach in feine Streifen teilen. Paprika waschen, putzen und ebenfalls in feine Streifen schneiden.

2 Knoblauch schälen und in Scheiben schneiden. Chilischoten im Mörser fein zerreiben.

3 Den Wok erhitzen, das Öl darin heiß werden lassen. Kartoffeln, Frühlingszwiebeln und Paprika darin unter Rühren bei starker Hitze 7 Min. braten, bis die Kartoffeln bißfest und knusprig sind.

4 Zucker mit Essig und Sojasauce verrühren. Mit dem Knoblauch zu den Kartoffeln geben und bei schwacher Hitze oder neben dem Herd noch 1 Min. ziehen lassen.

5 Schnittlauch waschen und in feine Röllchen schneiden. Kartoffeln mit Salz und Pfeffer abschmecken, mit Schnittlauch bestreuen und servieren.

VARIANTE

Statt Kartoffeln können Sie auch Süßkartoffeln oder Kürbis und Topinambur nehmen.

**Im Bild vorne:
Süß-saure Kartoffeln
Im Bild hinten:
Mittelmeergemüse**

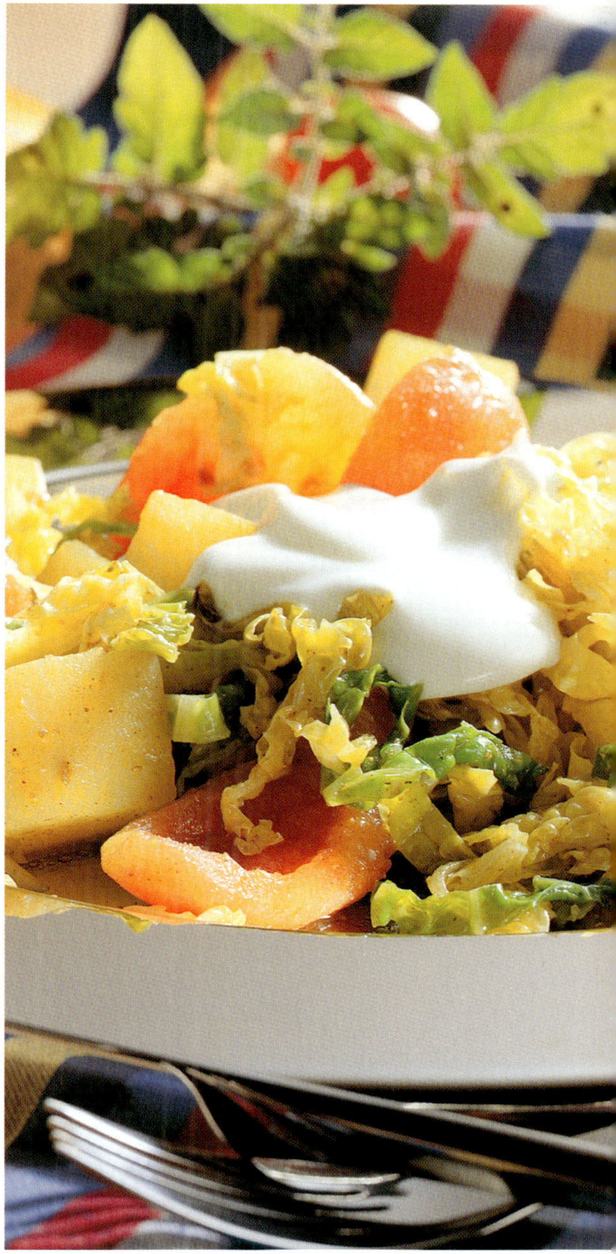

Kohlrabi mit Rucolacreme

- Gelingt leicht
- Preiswert

Für 4 Personen:

1 großes Bund Rucola
250 g Joghurt
1 TL grobkörniger Senf
Salz · schwarzer Pfeffer
800 g junger Kohlrabi
2 EL Olivenöl
2 EL Sonnenblumenkerne

Zubereitungszeit: 25 Min.

Pro Portion ca.: 585 kJ/140 kcal
6 g EW/9 g F/9 g KH

1 Den Rucola waschen, trockenschwenken und fein hacken. Den Joghurt mit Senf und Rucola mischen und mit Salz und Pfeffer abschmecken.

2 Den Kohlrabi schälen und zuerst in dünne Scheiben, dann in feine Streifen schneiden.

3 Den Wok erhitzen, das Öl darin heiß werden lassen. Den Kohlrabi hineingeben und unter Rühren bei starker Hitze 5 Min. braten, bis die Stifte gebräunt und bißfest sind.

4 Die Sonnenblumenkerne dazugeben und alles noch 2 Min. braten. Mit Salz und Pfeffer abschmecken und mit der Rucolacreme servieren. Dazu schmecken Kartoffeln oder einfach knusprig frisches Brot.

Glasiertes Wurzelgemüse

- Preiswert
- Schnell

Für 2–4 Personen:

1 Stück Knollensellerie (etwa 300 g)
300 g Möhren
1 Petersilienwurzel
1 festkochende Kartoffel
1 Bund Petersilie
2 EL Butter
1 EL Zucker
2 TL Kümmelkörner
2 EL Gemüsebrühe
Salz
150 g Joghurt
1 TL Paprika, rosenscharf

Zubereitungszeit: 25 Min.

Bei 4 Personen pro Portion ca.:
655 kJ/155 kcal
5 g EW/7 g F/17 g KH

1 Das Gemüse und die Kartoffel schälen und in kleine Würfel schneiden. Petersilie waschen, Blättchen fein hacken.

2 Den Wok erhitzen, Butter und Zucker darin schmelzen lassen. Gemüse und Kümmel hineingeben und bei mittlerer Hitze unter Rühren 4 Min. braten. Brühe angießen, Gemüse weitere 5 Min. pfannenrühren, bis es bißfest ist.

3 Das Gemüse salzen und mit der Petersilie mischen. Den Joghurt mit Salz und Paprikapulver abschmecken und zum Gemüse servieren.

TIP!

Mit einer Beilage wie Reis reicht das Gemüse als Hauptgericht auch für vier Personen.

Auberginen-Safran-Wok

- Veganes Gericht
- Schnell

Für 2 Personen:

2 rote Zwiebeln
1 mittelgroße Aubergine (etwa 350 g)
150 g Kirschtomaten
2 Knoblauchzehen
1 Bund Basilikum
3 EL Olivenöl
1 EL Pinienkerne
75 ml Gemüsebrühe
1 Döschen gemahlener Safran
Salz
Cayennepfeffer

Zubereitungszeit: 20 Min.

Pro Portion ca.: 1095 kJ/260 kcal
6 g EW/15 g F/27 g KH

1 Die Zwiebeln schälen, halbieren und der Länge nach in Streifen schneiden. Die Aubergine waschen, putzen und in Würfel schneiden. Die Tomaten waschen und halbieren. Knoblauch schälen und hacken. Basilikum waschen, die Blättchen abzupfen. Einige zarte Blättchen beiseite legen.

2 Den Wok erhitzen, das Öl darin heiß werden lassen. Die Auberginen darin 2 Min. unter Rühren braten. Zwiebeln, Knoblauch und Pinienkerne dazugeben und weitere 2 Min. braten.

3 Die Tomaten dazugeben, die Brühe angießen, den Safran mit den Basilikumblättchen untermischen und alles mit Salz und Cayennepfeffer abschmecken. 1 Min. köcheln lassen. Mit dem beiseite gelegten Basilikum bestreuen und servieren.

Artischocken mit Pilzen

- Raffiniert
- Für Gäste

Für 2 Personen:

8 kleine zarte Artischocken
250 g Egerlinge
2 EL Zitronensaft
4 Zweige frischer Rosmarin
1/2 Bund Petersilie
2 Knoblauchzehen
4 EL Olivenöl
4 EL trockener Weißwein (ersatzweise Wasser mit etwas Zitronensaft)
Salz · schwarzer Pfeffer

Zubereitungszeit: 30 Min.

Pro Portion ca.: 1240 kJ/295 kcal
13 g EW/18 g F/18 g KH

1 Von den Artischocken die äußeren Blätter großzügig entfernen. Die Stiele und die Blattspitzen abschneiden. Die Artischocken der Länge nach achteln.

2 Die Pilze mit Küchenpapier sauber abreiben, von den Stielenden befreien, in feine Scheiben schneiden. Artischocken und Pilze mit je 1 EL Zitronensaft mischen.

3 Kräuter waschen, abzupfen und fein hacken. Knoblauch schälen und in hauchdünne Scheiben schneiden.

4 Den Wok erhitzen, Öl darin heiß werden lassen. Artischocken hineingeben und unter Rühren bei starker Hitze 2 Min. braten. Pilze mit Kräutern dazugeben, weitere 3 Min. pfannenrühren.

5 Knoblauch untermischen und kurz braten. Wein angießen, das Gemüse salzen und pfeffern. Dazu passen Nudeln und Kartoffeln.

Gedämpfte Chinakohlpäckchen

- Raffiniert
- Gelingt leicht

Für 4 Personen:

8 große Chinakohlblätter
2 große Möhren
2 rote Zwiebeln
2 Knoblauchzehen
2 EL ungesalzene Pistazienkerne
4 Scheiben Vollkorn-Toastbrot
50 g frisch geriebener Bergkäse
1 Ei
Salz
schwarzer Pfeffer
1 Prise geriebene Muskatnuß
200 ml Gemüsebrühe
2 EL Crème fraîche
1 TL abgeriebene unbehandelte Zitronenschale

Zubereitungszeit: 1 Std.

Pro Portion ca.: 1115 kJ/265 kcal
12 g EW/13 g F/26 g KH

1 Chinakohlblätter waschen und abtrocknen, dicke Blattrippen flachschneiden. Möhren, Zwiebeln und Knoblauch schälen. Möhren fein raspeln, Zwiebeln und Knoblauch fein hacken.

2 Pistazienkerne fein mahlen. Toastbrot in kleine Würfel schneiden. Wok erhitzen und die Brotwürfel darin rundherum knusprig rösten. Herausnehmen.

3 Möhren, Zwiebeln und Knoblauch mit Brot, Pistazien, Käse und Ei gründlich vermischen und mit Salz, Pfeffer und Muskat abschmecken.

4 Chinakohlblätter auf der Arbeitsfläche ausbreiten. Die Füllung in die Mitte der Kohlblätter verteilen, die Blätter zu Päckchen einschlagen. Päckchen mit der Nahtstelle nach unten in den Dämpfeinsatz geben.

5 Gemüsebrühe im Wok erhitzen. Dämpfeinsatz darüber stellen und die Chinakohlpäckchen zugedeckt im heißen Dampf 20–25 Min. garen.

6 Päckchen herausnehmen und zugedeckt warm halten. Crème fraîche in die Dämpfflüssigkeit rühren, Sauce eventuell etwas einkochen lassen.

7 Sauce mit Zitronenschale, Salz und Pfeffer abschmecken. Chinakohlpäckchen mit Sauce anrichten. Dazu schmeckt am besten Reis.

Gemüse im Spinatblatt

- Raffiniert
- Für Gäste

Für 2 Personen:

4 Zitronenblätter (aus dem Asienladen; siehe Tip)
400 g große kräftige Spinatblätter
Salz
1 Zucchino
2 Möhren
4 Stangen grüner oder weißer Spargel
1 Bund Frühlingszwiebeln
1 Fenchelknolle
schwarzer Pfeffer
einige kräftige Schnittlauchhalme (ersatzweise Küchengarn)
2 Knoblauchzehen
1 Bund Basilikum
1 EL Zitronensaft
2 TL rote Currypaste (aus dem Asienladen)
2 EL Kokosmilch (aus der Dose)

Zubereitungszeit: 40 Min.

Pro Portion ca.: 590 kJ/140 kcal
36 g EW/4 g F/18 g KH

1 Die Zitronenblätter waschen und in feine Streifen schneiden. Spinatblätter von den Stielen befreien und gründlich waschen. In kochendem Salzwasser etwa 1/2 Min. blanchieren, bis sie biegsam sind, kalt abschrecken, abtropfen lassen und auf der Arbeitsfläche ausbreiten.

2 Gemüse waschen und putzen. Zucchino und Möhren in 1 cm dicke Stifte schneiden. Spargel und Frühlingszwiebeln in 5–6 cm lange Stücke teilen. Fenchel halbieren und quer in Streifen schneiden. Spinat mit Zitronenblättern und Gemüse belegen. Das Gemüse mit Salz und Pfeffer würzen. Spinatblätter über dem Gemüse zusammenklappen, die Päckchen mit den Schnittlauchhalmen zusammenbinden und in den Dämpfeinsatz legen.

3 Knoblauch schälen und fein hacken. Basilikum waschen, Blättchen abzupfen, Stiele mit dem Knoblauch in den Wok geben. 1/4 l Wasser und den Zitronensaft hinzufügen, alles zum Kochen bringen. Dämpfeinsatz darüber setzen und Gemüsepäckchen zugedeckt in 15 Min. im Dampf bißfest garen.

4 Päckchen zugedeckt warm stellen. Basilikumstiele aus dem Dämpfsud entfernen. Sud mit Currypaste und Kokosmilch verrühren und aufkochen lassen. Mit Salz abschmecken, Basilikumblättchen untermischen und zusammenfallen lassen. Sauce getrennt zu den Päckchen servieren. Dazu passen Reis oder Glasnudeln.

TIP!

Zitronenblätter sind kräftig dunkelgrün und glänzend. Sie stammen vom Kaffir-Zitronenbaum und geben den Gerichten ein intensives und dennoch zartes Aroma. Sie bekommen die Blätter im Asienladen und können sie problemlos als Vorrat im Gefrierfach bereit halten.

Im Bild vorne: Gemüse im Spinatblatt
Im Bild hinten: Gedämpfte Chinakohlpäckchen

Kartoffelpflänzchen

- Raffiniert
- Gut vorzubereiten

Für 4 Personen:

Für die Pflänzchen:
750 g mehligkochende Kartoffeln
1 unbehandelte Zitrone
1 Bund Petersilie
2 Knoblauchzehen
1 Bund Frühlingszwiebeln
1 EL Sonnenblumenkerne
Salz · schwarzer Pfeffer
75 g Dinkelmehl (Type 1050)
1 Ei

Für den Salat:
1 Salatgurke
1 rote Chilischote
1 Knoblauchzehe
1 rote Zwiebel
5 EL heller Reisessig (ersatzweise milder Wein- oder Apfelessig)
3 EL Zucker
Salz

Zubereitungszeit: 1 Std.

Pro Portion ca.: 1355 kJ/325 kcal
12 g EW/6 g F/59 g KH

1 Für die Pflänzchen die Kartoffeln waschen, schälen und in etwa 2 cm große Würfel schneiden. In den Dämpfeinsatz geben. Im Wok 1/8 l Wasser zum Kochen bringen. Dämpfeinsatz darüber stellen und die Kartoffeln zugedeckt in 15–20 Min. weich garen.

2 Inzwischen für die Füllung die Zitrone heiß abwaschen und abtrocknen. Die Schale dünn abschneiden und sehr fein hacken. Petersilie waschen, die Blättchen abzupfen und ebenfalls fein hacken. Knoblauch schälen und durch die Presse drücken. Frühlingszwiebeln waschen, putzen und mit dem helleren Grün ebenfalls sehr fein zerkleinern. Sonnenblumenkerne grob hacken. Alle diese Zutaten für die Füllung mischen und mit Salz und Pfeffer würzen.

3 Kartoffeln etwas ausdämpfen lassen. Mit dem Kartoffelstampfer sehr fein zerdrücken und auskühlen lassen.

4 Für den Salat die Gurke schälen und längs halbieren. Die Kerne mit einem Teelöffel herauskratzen, Gurke in feine Scheiben schneiden. Chilischote waschen, Stielansatz abschneiden und die Schote mit oder ohne Kerne (siehe Tip) in feine Ringe teilen. Knoblauch und Zwiebel schälen und hacken.

5 Essig mit 5 EL Wasser, Zucker und Salz erwärmen, bis der Zucker sich aufgelöst hat. Mit Gurke, Chillie, Knoblauch und Zwiebel mischen, eventuell noch mit Salz abschmecken.

6 Kartoffeln mit Mehl, Ei und 1 kräftigen Prise Salz gründlich mischen. Kartoffelteig in 16 Stücke teilen und zu flachen Pflänzchen formen. Die Hälfte der Pflänzchen mit der Zitronen-Kräuter-Füllung belegen, dabei rundherum einen Rand frei lassen.

Die andere Hälfte der Pflänzchen darüber legen und die Ränder gut zusammendrücken.

7 Pflänzchen nebeneinander in den Dämpfeinsatz legen. Wasser im Wok auffüllen und wieder zum Kochen bringen. Dämpfeinsatz in den Wok stellen und die Pflänzchen zugedeckt bei starker Hitze 10 Min. dämpfen.

8 Kartoffelpflänzchen auf vorgewärmte Teller geben und mit dem Gurkensalat servieren.

VARIANTE

Wer nicht so gerne asiatisch gewürzte Gerichte wie den Gurkensalat ißt, serviert zu den Pflänzchen jeweils einige Eßlöffel saure Sahne oder Crème fraîche.

TIP!

Die Schärfe der Chilischoten sitzt verstärkt in den Trennwänden. Wenn Sie es etwas milder mögen, entfernen Sie diese vor dem Zerkleinern. Außerdem wichtig: Hände immer gut waschen und nicht mit den empfindlichen Schleimhäuten z. B. der Augen in Berührung kommen. Hilfreich sind Gummihandschuhe beim schneiden.

Zuckerschoten mit Zitronengras

- Gelingt leicht
- Schnell

Für 2 Personen:

Für das Gemüse:
250 g breite grüne Bohnen
250 g Zuckerschoten
1 Bund Frühlingszwiebeln
2 Stengel Zitronengras
1 rote Chilischote
100 g frische Erdnüsse
Für die Sauce:
1 EL Sojasauce
1 EL Sherry nach Belieben
1/8 l Gemüsebrühe
1 TL Speisestärke
1 TL Zitronensaft · 3 EL Öl
Salz · schwarzer Pfeffer
1 EL Schnittlauchröllchen

Zubereitungszeit: 25 Min.

Pro Portion ca.: 2295 kJ/550 kcal
23 g EW/37 g F/33 g KH

1 Bohnen und Zuckerschoten waschen und putzen. Die grünen Bohnen leicht schräg in 1/2 cm breite Streifen schneiden, Zuckerschoten ganz lassen. Frühlingszwiebeln putzen, gründlich waschen und mit dem zarten Grün in feine Ringe schneiden.

2 Zitronengras waschen und die oberen harten Teile abschneiden. Den Rest fein hacken. Chilischote waschen, Stielansatz abschneiden und Schote fein hacken. Erdnüsse schälen.

3 Für die Sauce Sojasauce, Sherry nach Belieben, Gemüsebrühe, Speisestärke und Zitronensaft verrühren.

4 Wok erhitzen, Öl darin heiß werden lassen. Erdnüsse hineingeben und 1 Min. pfannenrühren. Herausnehmen.

5 Grüne Bohnen im Wok bei starker Hitze 4 Min. unter Rühren braten. Die Frühlingszwiebeln und die Zuckerschoten hinzufügen und alles weitere 2–3 Min. pfannenrühren, bis das Gemüse bißfest und leicht gebräunt ist.

6 Erdnüsse und Sauce untermischen und alles einmal aufkochen lassen. Mit Salz und Pfeffer abschmecken, mit Schnittlauch bestreuen und servieren. Dazu paßt Reis.

Gemüse mit Bananen und Erdnußsauce

- Raffiniert
- Schnell

Für 2 Personen:

1 feste Banane
1 EL Zitronensaft
1 Zucchino
2 dünne Stangen Lauch
1 rote Paprikaschote
150 g Mungobohnensprossen
1 weiße Zwiebel
2 EL Erdnußcreme (mit Stücken; Fertigprodukt)
1/8 l Gemüsebrühe
4 EL Öl
4 Kardamomkapseln
1 Stück Zimtstange
2 getrocknete Chilischoten
Salz · schwarzer Pfeffer
1 EL Alfalfasprossen zum Bestreuen

Zubereitungszeit: 30 Min.

Pro Portion ca.: 1925 kJ/460 kcal
13 g EW/25 g F/48 g KH

1 Für das Gemüse Banane schälen und in 1 cm dicke Scheiben schneiden. Mit dem Zitronensaft mischen. Gemüse waschen. Zucchino und Lauch putzen. Zucchino in 1/2 cm dicke Scheiben und Lauch in feine Ringe schneiden. Paprikaschote halbieren, putzen und in feine Streifen teilen. Mungobohnensprossen kalt abspülen und abtropfen lassen. Zwiebel schälen, halbieren und in feine Streifen schneiden.

2 Für die Sauce Erdnußcreme mit Gemüsebrühe verrühren. (Je nach Konsistenz noch etwas Wasser unterrühren.)

3 Wok erhitzen, das Öl darin heiß werden lassen. Kardamom, Zimt und Chillies hineingeben und unter Rühren 2 Min. anrösten. Mit einem Schaumlöffel herausholen.

4 Bananenscheiben ins heiße, aromatisierte Öl geben und 1/2 Min. braten, dann an die Seite des Woks schieben.

5 Zucchino, Paprika und Lauch ins Öl geben und unter Rühren bei starker Hitze 4 Min. pfannenrühren. Mungobohnensprossen dazugeben und 1 weitere Min. braten. Banane und Sauce untermischen und heiß werden lassen.

6 Alles mit Salz und Pfeffer abschmecken, mit den Alfalfasprossen bestreuen und servieren. Dazu schmecken Kartoffeln oder Reis.

Ausgebackenes Gemüse

- Preiswert
- Gelingt leicht

Für 4 Personen:

250 g Kichererbsenmehl
1/2 l Erdnußöl
Salz · Cayennepfeffer
1,2 kg gemischtes Gemüse (festkochende Kartoffeln, Broccoli, Kürbis, Möhren und Blumenkohl)
1/2 Bund Koriandergrün
1 Bund Basilikum
1 frische grüne Chilischote
1 Stück frischer Ingwer (etwa 1 cm lang)
300 g stichfester Joghurt
1 TL gemahlener Koriander

Zubereitungszeit: 50 Min.

Pro Portion ca.: 1900 kJ/455 kcal
23 g EW/17 g F/46 g KH

1 Für den Teig Kichererbsenmehl in einer Schüssel mit 1 TL Erdnußöl, Salz und 1 kräftigen Prise Cayennepfeffer mischen. 300 ml lauwarmes Wasser unter Rühren langsam hinzufließen lassen. Teig 15 Min. quellen lassen.

2 Inzwischen das Gemüse putzen und eventuell waschen. Kartoffeln in etwa 1/2 cm dicke Scheiben schneiden, restliches Gemüse in kleine Röschen teilen beziehungsweise würfeln.

3 Für die Sauce Koriander und Basilikum waschen und Blättchen abzupfen. Chilischote waschen, Stielansatz und Kerne entfernen und die Schote grob zerkleinern. Ingwer schälen und mittelfein würfeln.

4 Koriander, Basilikum, Chillie und Ingwer mit dem Joghurt im Mixer fein pürieren. Mit Salz und Koriander würzen.

5 Restliches Öl im Wok erhitzen. Gemüse portionsweise durch den Kichererbsenteig ziehen, etwas abtropfen lassen und im heißen Fett 4–5 Min. fritieren, bis es schön gebräunt ist. Kurz auf Küchenpapier abfetten lassen und mit der Sauce servieren.

TIP!

Die gebackenen Gemüsestücke jeweils im auf 50° vorgeheizten Backofen warm halten, bis alle fritiert sind.

Gemüsebällchen mit Ingwersauce

- Raffiniert
- Für Gäste

Für 4 Personen:

Für die Sauce:
1 Stück Ingwer (3–4 cm lang)
100 g Rettich
2 EL Sojasauce
2 EL Reisessig
1/8 l Gemüsebrühe
einige Tropfen Chiliöl
Salz
Für die Bällchen:
1 rote Zwiebel
1 kleiner Zucchino
1/2 rote Paprikaschote
1 Möhre
1 große gekochte Kartoffel (etwa 200 g)
100 g gepalte Erbsen (frisch oder tiefgekühlt und aufgetaut)
1 kleines Ei
1 EL Speisestärke
Salz · schwarzer Pfeffer
1/2 Öl zum Fritieren

Zubereitungszeit: 50 Min.

Pro Portion ca.: 820 kJ/195 kcal
7 g EW/9 g F/22 g KH

1 Für die Sauce den Ingwer schälen und fein reiben. Rettich schälen und fein hacken. Beides mit Sojasauce, Reisessig und Gemüsebrühe verrühren und mit Chiliöl und Salz pikant abschmecken.

2 Für die Bällchen Zwiebel, Zucchino, Paprika und Möhre waschen oder schälen, putzen und in grobe Stücke schneiden. Alles im Mixer fein zerkleinern. Kartoffel schälen und fein zerdrücken. Zerkleinertes Gemüse mit Erbsen, Ei und Speisestärke mischen und mit Salz und Pfeffer würzen.

3 Aus der Gemüsemasse kleine Bällchen formen. Öl im Wok erhitzen. (Es ist heiß genug, wenn an einem Holzstäbchen, das man hineintaucht, viele Bläschen aufsteigen.)

4 Gemüsebällchen mit einem Schaumlöffel ins heiße Öl geben und 4–5 Min. fritieren, bis sie schön gebräunt sind. Die Bällchen abtropfen und auf Küchenpapier abfetten lassen. Mit der Sauce servieren. Dazu paßt Reis.

Im Bild vorne:
Ausgebackenes Gemüse
Im Bild hinten:
Gemüsebällchen mit Ingwersauce

Tofu, Eier und Käse

Sehr beliebte Zutaten in der vegetarischen asiatischen Küche sind Tofu, Eier und Käse. Sie versorgen uns mit wertvollem Eiweiß und weiteren wichtigen Inhaltsstoffen wie Vitamin A, K und dem Mineralstoff Calcium und lassen sich auf vielfältige Art im Wok zubereiten.

Tofu ist nicht gleich Tofu

Inzwischen findet man in den Kühlregalen von Naturkostläden und Reformhäusern viele verschiedene Sorten Tofu. Alle basieren auf der Milch der Sojabohne, aus der, ähnlich wie bei der Käseherstellung, das Eiweiß durch Gerinnungsmittel ausgefällt wird. Neben dem bekannten geschmacksneutralen Tofu gibt es Tofu mit Kräutern, Räuchertofu pur, aber auch mit Pilzen oder Algen sowie Gemüsetofu. Für die Gerichte in diesem Kapitel wird immer normaler Tofu verwendet, Sie können aber gut auch mit Räuchertofu oder anderen Sorten variieren.
Wichtig bei der Zubereitung von Tofu: Tupfen Sie ihn trocken, bevor Sie ihn ins heiße Fett geben, da sonst das Wasser spritzt. Tofu schmeckt so neutral, daß man ihn kräftig würzen muß. Gut verträgt er sich mit Ingwer, Sojasauce und Knoblauch, aber auch mit Kräutern, Zitronenschale und Chillie kann man ihn hervorragend aromatisieren.

Tofu läßt sich in einem wassergefüllten Gefäß im Kühlschrank einige Tage aufbewahren. Wichtig: Wasser täglich wechseln!

Eierkauf ist Vertrauenssache

Die Garzeiten im Wok sind sehr kurz, deshalb müssen die Eier für die entsprechenden Gerichte sehr frisch sein, damit Sie nicht Gefahr laufen, an Salmonellen zu erkranken. Massentierhaltung erleichtert die Übertragung von Salmonellen unter den Tieren. Wer also Eier von Hennen aus Freilandhaltung von einem biologisch wirtschaftenden Betrieb kauft, verringert das Risiko. Die Frische der Eier läßt sich zusätzlich am aufgedruckten Legedatum prüfen. Wenn Sie sich aber selbst einmal nicht sicher sind, können Sie mit einem einfachen Test feststellen, wie alt ein Ei schon ist. Füllen Sie eine Schüssel oder ein großes Glas mit Wasser und legen das Ei hinein. Ist es frisch, bleibt es waagerecht liegen. Mit zunehmendem Alter vergrößert sich die Luftkammer an einem Ende des Eis, und diese Luft läßt das Ei sich an dieser Stelle etwas anheben, je älter desto höher. Wenn das Ei im Wasser schwimmt, ist es in jedem Fall zu alt. Sie sollten es auch gekocht nicht mehr essen.

Würze für das Essen

Viele Gerichte für den Wok sind asiatisch inspiriert und verlangen nach asiatischen Zutaten. Ingwer wird inzwischen fast überall als frische Wurzel angeboten. Frischer Ingwer muß sehr saftig sein und darf keine vertrockneten Stellen haben. Geschält wird das Stück wie eine Kartoffel. Dann kann man es entweder fein hacken oder durch die Knoblauchpresse drücken. Koriander gibt es als Samen und frisches Kraut. Dies schmeckt sehr intensiv und ist nicht jedermanns Sache. Würzen Sie deshalb vorsichtig mit dem frischen Grün oder ersetzen es durch Petersilie oder Kerbel. Kaufen können Sie Koriander im Asienladen oder am Kräuterstand. Er läßt sich auch sehr gut im Töpfchen ziehen.
Reiswein wird durch Vergären von Reis hergestellt. Im Asienladen findet man Reiswein aus verschiedenen Ländern und in sehr unterschiedlichen Preisklassen. Wenn Sie ihn nur zum Kochen verwenden und nicht trinken wollen, können Sie einen billigeren nehmen, den es oft auch in kleinen Flaschen zu kaufen gibt. Ersetzen läßt sich Reiswein durch trockenen Sherry.
Sojasauce wird immer durch Fermentieren von Sojabohnen, zum Teil unter Zusatz von Getreide sowie Salz hergestellt. Es gibt sowohl in Geschmack wie Farbe unterschiedlich kräftige Sojasaucen, lassen Sie sich am besten im Asienladen beraten. Viele Gerichte sehen attraktiver aus, wenn Sie die hellen Sorten nehmen.
Süßscharfe Sauce verwendet man vor allem in der thailändischen Küche. Sie wird aus Chilischoten mit Zucker und Essig hergestellt und es gibt sie in guter Qualität und Geschmack im Asienladen zu kaufen.
Zitronengras wächst in schilfähnlichen Stangen. Beim Zerkleinern verströmt es einen zitronenähnlichen Geruch. Zitronengras bekommen Sie frisch und getrocknet. Frische Stangen lassen sich sehr gut als Vorrat einfrieren und so über Monate aufbewahren. Ersetzen läßt es sich durch reichlich gehackte Zitronenschale.

Die Zutaten für das typisch asiatische Aroma.

Eierstückchen mit Gemüse

- Preiswert
- Gelingt leicht

Für 4 Personen:

200 g Broccoliröschen
150 g Austernpilze
1 rote Paprikaschote
2 Tomaten
100 g Chinakohl
2 Bund Schnittlauch
1/8 l Gemüsebrühe
1 TL Speisestärke
2 EL Sojasauce
1 TL Zucker
1 TL Sambal oelek
4 Eier
Salz
5 EL Öl

Zubereitungszeit: 35 Min.

Pro Portion ca.: 1085 kJ/260 kcal
13 g EW/17 g F/14 g KH

1 Die Broccoliröschen waschen und je nach Größe halbieren oder vierteln. Die Austernpilze mit Küchenpapier abreiben, von den harten Stielen befreien und in feine Streifen schneiden. Paprikaschote waschen, halbieren, putzen und ebenfalls in schmale Streifen teilen.

2 Die Stielansätze der Tomaten entfernen. Tomaten kurz überbrühen, häuten und klein würfeln. Chinakohl waschen und in Streifen schneiden. Schnittlauch waschen und in 2 cm lange Stücke schneiden.

3 Für die Sauce die Gemüsebrühe mit der Speisestärke, der Sojasauce, dem Zucker und dem Sambal oelek verrühren.

4 Die Eier mit etwas Salz verquirlen. Den Wok erhitzen. 2 EL Öl darin heiß werden lassen. Die Eiermasse hineingeben, durch schwenken verteilen und stocken lassen. Dann mit einem Holzspatel in Stücke teilen und noch kurz braten. Herausnehmen.

5 Restliches Öl im Wok erhitzen. Zuerst den Broccoli 3 Min. braten. Dann Austernpilze, Paprika und Chinakohl hineingeben und bei starker Hitze unter Rühren weitere 3 Min. braten. Dann die Würzsauce und die Tomaten untermischen und alles noch 1 Min. garen.

6 Die Eier untermischen und wieder heiß werden lassen, alles mit Salz abschmecken, mit dem Schnittlauch bestreuen und servieren. Dazu paßt Reis.

Rührei mit süß-scharfem Gemüse

- Preiswert
- Gelingt leicht

Für 4 Personen:

- 2 Zwiebeln
- 200 g Möhren
- 200 g breite grüne Bohnen
- 2 Stangen Lauch
- 2 Knoblauchzehen
- 6 Eier
- 1 EL Sojasauce
- 1 EL Sesamöl
- 1 Bund Schnittlauch
- 4 EL neutrales Öl
- Salz · schwarzer Pfeffer
- 3 EL süßscharfe Sauce (thailändisch, Fertigprodukt)

Zubereitungszeit: 25 Min.

Pro Portion ca.: 1255 kJ/300 kcal
15 g EW/20 g F/15 g KH

1 Zwiebeln schälen und halbieren, dann der Länge nach in Streifen schneiden. Möhren schälen, putzen und zuerst der Länge nach in dünne Scheiben, dann in Streifen schneiden. Bohnen waschen, putzen und schräg in 1/2 cm breite Streifen schneiden. Lauch putzen, gründlich waschen und mit dem zarten Grün in feine Ringe schneiden. Knoblauch schälen und fein hacken.

2 Eier mit der Sojasauce und dem Sesamöl nur so lange verrühren, bis sich Eigelb und Eiweiß verbunden haben. Schnittlauch waschen und in Röllchen schneiden.

3 Den Wok erhitzen, 3 EL Öl darin heiß werden lassen. Die Bohnen hineingeben und unter Rühren bei starker Hitze 3 Min. braten. Dann Zwiebeln, Möhren, Lauch und Knoblauch hinzufügen und weitere 2 Min. braten, bis das Gemüse bißfest ist. Mit Salz und Pfeffer würzen und an die Seiten des Woks schieben.

4 Das restliche Öl im Wok heiß werden lassen. Die Eiermasse darin unter ständigem Rühren in 1 Min. stocken lassen (Sie muß noch feucht sein.) Gemüse mit süßscharfer Sauce untermischen, alles mit dem Schnittlauch bestreuen und rasch servieren. Dazu schmecken Reis und Gurkensalat.

Tofu mit Sesamspinat

- Raffiniert
- Gut vorzubereiten

Für 4 Personen:

Für die Röllchen:	
400 g Tofu	
2 EL Sesamsamen	
1/2 unbehandelte Zitrone	
1 Bund Petersilie	
2 Knoblauchzehen	
1 EL Sesamöl	
Salz · Cayennepfeffer	
Zahnstocher zum Feststecken	
Für den Spinat:	
500 g Spinat	
1 Bund Frühlingszwiebeln	
2 EL Sesamsamen	
Salz · schwarzer Pfeffer	
Außerdem:	
4–5 EL neutrales Öl	
8–10 Kirschtomaten zum Garnieren	

Zubereitungszeit: 40 Min.

Pro Portion ca.: 1125 kJ/270 kcal
14 g EW · 22 g F · 8 g KH

1 Den Tofu abtropfen lassen und der Länge nach in 1/2 cm dicke Scheiben schneiden.

2 Die Sesamsamen in einem Mörser zerstoßen oder fein hacken. Zitrone heiß waschen und die Schale fein abreiben. Petersilie waschen, die Blättchen sehr fein hacken. Knoblauch schälen und durch die Presse drücken. Zitronenschale, Petersilie und Knoblauch mit dem Sesamöl und den Sesamsamen mischen und mit Salz und Cayennepfeffer pikant würzen. Auf die Tofuscheiben streichen, diese aufrollen und mit Zahnstochern feststecken.

3 Spinat von allen welken Blättern und den dicken Stielen befreien und in stehendem kaltem Wasser mehrmals gründlich waschen. Sehr gut abtropfen lassen. Frühlingszwiebeln waschen, putzen und mit dem zarten Grün in feine Ringe schneiden.

4 Den Wok erhitzen. Das Öl darin heiß werden lassen. Die Tofuröllchen darin bei mittlerer Hitze von allen Seiten in 3–4 Min. schön braun braten, dann warm halten.

5 Zwiebelringe mit dem Sesam im übrigen Öl unter Rühren bei starker Hitze 1 Min. braten. Den Spinat dazugeben und in 1-2 Min. zusammenfallen lassen. Mit Salz und Pfeffer würzen. Tofuröllchen auf den Spinat geben und zugedeckt in 1 Min. sehr heiß werden lassen. Mit Kirschtomaten garniert servieren.

Tofu mit Pilzen und Lauch

- Gelingt leicht
- Veganes Gericht

Für 4 Personen:

500 g Tofu	
1 Stück frischer Ingwer	
2 Knoblauchzehen	
1 langes Stück unbehandelte Zitronenschale	
2 Stangen Lauch	
250 g Egerlinge	
1/4 l Gemüsebrühe	
1 gehäufter TL Speisestärke	
2 EL Sojasauce	
5 EL neutrales Öl	
Salz · Cayennepfeffer	
1 EL Sesamöl	
feine Petersilienblättchen zum Garnieren	

Zubereitungszeit: 30 Min.

Pro Portion ca.: 1265 kJ/300 kcal
13 g EW/20 g F/16 g KH

1 Den Tofu abtropfen lassen und in etwa 1 cm große Stücke schneiden. Ingwer und Knoblauch schälen und so fein wie möglich hacken. Mit den Tofuwürfeln mischen. Zitronenschale in feine Streifen schneiden.

2 Den Lauch waschen, putzen und mit dem helleren Grün in feine Ringe schneiden. Einige zarte Ringe zum Bestreuen beiseite legen. Die Egerlinge mit Küchenpapier sauber abreiben, von den Stielenden befreien und in feine Scheiben schneiden.

3 Die Gemüsebrühe mit der Speisestärke und der Sojasauce gut verrühren.

4 Den Wok erhitzen, das Öl darin heiß werden lassen. Die Tofuwürfel darin in 3–4 Min. von allen Seiten schön braun braten. Tofu herausnehmen oder auf das Gitter des Woks legen.

5 Pilze und Lauch in den Wok geben und unter ständigem Rühren bei mittlerer Hitze 2 Min. braten. Gemüsebrühe kurz aufrühren und angießen, Tofu untermischen und alles 2 Min. köcheln lassen. Mit Salz und Cayennepfeffer abschmecken.

6 Tofu mit dem Sesamöl beträufeln, mit Petersilienblättchen, Zitronenschale und restlichem Lauch garniert servieren. Dazu schmeckt Reis.

Im Bild vorne:
Tofu mit Pilzen und Lauch
Im Bild hinten:
Tofu mit Sesamspinat

Tofu süß-sauer

- Raffiniert
- Für Gäste

Für 4 Personen:

- 500 g Tofu · 4 EL Sojasauce
- 1 EL + 1 TL Speisestärke
- 1 Stange Lauch
- 2 Knoblauchzehen
- 1 rote Paprikaschote
- 100 g Kirschtomaten
- 1 Stück Gurke
- 200 g Ananasstücke (Dose)
- 2 EL Reiswein (ersatzweise Sherry oder Wasser)
- 2 EL Tomatenketchup
- 2 EL brauner Zucker
- 2 EL Reisessig (oder anderer milder Essig)
- 1/2 l Öl zum Fritieren
- Salz

Zubereitungszeit: 30 Min.

Pro Portion ca.: 1135 kJ/270 kcal
11 g EW/12 g F/31 g KH

1 Tofu abtropfen lassen und in 2 cm große Würfel schneiden. 2 EL Sojasauce mit 1 EL Speisestärke mischen und unter den Tofu rühren.

2 Lauch putzen, waschen und fein hacken. Knoblauch schälen und in Scheiben schneiden. Paprikaschote waschen, halbieren, putzen und würfeln. Tomaten waschen und halbieren. Gurke waschen oder schälen, längs halbieren, entkernen und in Scheiben schneiden. Ananas abtropfen lassen, Saft auffangen.

3 Für die Sauce Reiswein mit Ketchup, restlicher Sojasauce, Zucker, 1 TL Speisestärke, Essig und 75 ml Ananassaft gut verrühren.

4 Das Öl im Wok erhitzen. (Es ist heiß genug, wenn an einem hineingehaltenen hölzernen Stiel oder Stäbchen viele Bläschen aufsteigen.)

5 Die Tofuwürfel portionsweise im heißen Fett 3–4 Min. ausbacken. Mit einem Schaumlöffel herausheben und abtropfen lassen.

6 Öl bis auf einen dünnen Film aus dem Wok gießen. Lauch und Paprika mit dem Knoblauch hineingeben und unter Rühren bei starker Hitze 3 Min. pfannenrühren.

7 Würzsauce dazugeben, Tomaten, Gurke und Ananas untermischen. Tofuwürfel hineingeben und in 1 Min. sehr heiß werden lassen. Falls die Sauce zu dickflüssig ist, etwas Wasser untermischen. Die Sauce mit Salz abschmecken. Den Tofu sofort servieren. Dazu passen Reis und süßsaure Chilisauce (Fertigprodukt).

Tofucurry mit Pfannkuchen

- Gelingt leicht
- Gut vorzubereiten

Für 4 Personen:

Für die Pfannkuchen:

- 1 Bund Frühlingszwiebeln
- 250 g Mehl
- 1/2 TL Salz
- 2 EL Öl zum Braten

Für das Tofucurry:

- 500 g Tofu
- 2 Stangen Lauch
- 200 g Kirschtomaten
- 1 Zwiebel
- 3 Knoblauchzehen
- 1 Stück frischer Ingwer
- 1 TL Fenchelsamen
- 1 TL gemahlenes Kurkuma
- je 1/2 TL gemahlener Kardamom, Koriander, Senfpulver, Cayennepfeffer und Zimt
- 1 Bund Petersilie
- 2 EL neutrales Öl
- 200 ml Gemüsebrühe
- Salz

Zubereitungszeit: 1 1/4 Std.

Pro Portion ca.: 2025 kJ/485 kcal
22 g EW/17 g F/62 g KH

1 Für die Pfannkuchen Frühlingszwiebeln putzen, gründlich waschen und mit dem zarten Grün fein hacken. Mehl mit Frühlingszwiebeln, Salz und 1/8 l lauwarmem Wasser mischen und zu einem geschmeidigen Teig verkneten. Teig zugedeckt 30 Min. ruhen lassen.

2 Inzwischen Tofu abtropfen lassen und in kleine Würfel schneiden. Lauch putzen, waschen und der Länge nach halbieren. Dann in feine Streifen schneiden. Tomaten waschen und je nach Größe halbieren oder vierteln. Zwiebel, Knoblauch und Ingwer schälen und fein hacken. Alle Gewürze in einem Schälchen mischen.

3 Petersilie waschen, die Blättchen fein hacken und zugedeckt beiseite stellen.

4 Den Teig noch einmal durchkneten, dann in kleine Stücke schneiden und zu runden Fladen von etwa 10 cm ø ausrollen.

5 Den Wok auf mittlere Hitze erwärmen und mit Öl auspinseln. Pfannkuchen an den Wänden auslegen und pro Seite 1–2 Min. braten. Dann im Backofen bei 50° warm halten.

6 Für das Tofucurry das restliche Öl im Wok erhitzen. Zwiebel, Knoblauch, Lauch und Ingwer darin unter Rühren 2 Min. braten. Die Gewürze dazugeben und kurz anrösten.

7 Tofu mit Tomaten und Gemüsebrühe untermischen und alles 2–3 Min. köcheln lassen. Mit Salz abschmecken, mit der Petersilie bestreuen und mit den Pfannkuchen servieren.

Im Bild vorne:
Tofucurry mit Pfannkuchen
Im Bild hinten:
Tofu süß-sauer

Eierkuchen mit Ricotta

- Gut vorzubereiten
- Raffiniert

Für 4 Personen:

Für die Eierkuchen:
100 g Mehl · 200 ml Milch
2 Eier · Salz
2 EL Öl
Für die Füllung:
1 großes Bund gemischte Kräuter
1 Bund Frühlingszwiebeln
2 Knoblauchzehen
250 g weicher Ricotta
1 kleines Ei (Größe S)
1 EL Mandelstifte
Salz · Cayennepfeffer
Für den Salat:
1 kleine rote Zwiebel
1 kleiner Zucchino
300 g Tomaten
1 EL Aceto Balsamico (Balsamessig)
2 EL Olivenöl
Salz · schwarzer Pfeffer

Zubereitungszeit: 1 Std. 10 Min.

Pro Portion ca.: 1770 kJ/430 kcal
20 g EW/21 g F/30 g KH

1 Für die Eierkuchen alle Zutaten verrühren. 30 Min. quellen lassen.

2 Inzwischen für die Füllung Kräuter waschen und fein hacken. Frühlingszwiebeln putzen, gründlich waschen und mit dem zarten Grün in feine Ringe schneiden. Knoblauch schälen und fein hacken. Ricotta mit Kräutern, Zwiebeln, Knoblauch, Ei und Mandelstiften verrühren, mit Salz und Cayennepfeffer abschmecken.

4 Für den Salat die Zwiebel schälen, sehr fein hacken. Zucchino und Tomaten waschen, putzen, ebenfalls sehr fein hacken. Mit Essig und Öl verrühren, salzen und pfeffern.

5 Den Wok erhitzen und mit etwas Öl auspinseln. 1 kleine Schöpfkelle Teig hineingeben, durch Schwenken zu einem Eierkuchen verteilen und 1–2 Min. braten. Die anderen Pfannkuchen ebenso backen.

6 Alle Pfannkuchen ausbreiten, mit der Ricottamasse dünn bestreichen. Pfannkuchen aufrollen und nebeneinander in den mit Öl gefetteten Dämpfeinsatz legen.

7 Im Wok etwa 3 cm hoch Wasser zum Kochen bringen. Dämpfeinsatz hineinstellen und die Röllchen zugedeckt bei starker Hitze 15 Min. dämpfen.

8 Pfannkuchenröllchen in Scheiben schneiden, mit dem Tomatensalat auf Tellern anrichten und servieren.

Kartoffelbällchen

- Raffiniert
- Gut vorzubereiten

Für 4 Personen:

Für die Bällchen:
600 g mehligkochende Kartoffeln
50 g Mehl
1 Ei
1 Bund Petersilie
100 g Bergkäse
1 EL Sonnenblumenkerne
Salz · Pfeffer
etwa 1/2 l Öl zum Fritieren
Für die Vinaigrette:
1 Möhre
1 Stück Gurke (etwa 150 g)
4 Radieschen
1 Fleischtomate
1 1/2 EL Weißweinessig
3 EL Gemüsebrühe
1/2 TL scharfer Senf
Salz · schwarzer Pfeffer
3 EL Rapsöl
1 Bund Schnittlauch
nach Geschmack 1 TL Kapern

Zubereitungszeit: 45 Min.

Pro Portion ca.: 1770 kJ/425 kcal
16 g EW/25 g F/33 g KH

1 Kartoffeln waschen und in der Schale in wenig Wasser zugedeckt weich kochen. Die Kartoffeln etwas ausdämpfen lassen, schälen, noch heiß durch die Kartoffelpresse drücken und auskühlen lassen.

2 Inzwischen für die Vinaigrette die Möhre, die Gurke, die Radieschen und die Tomate waschen oder schälen, putzen und in möglichst kleine Würfel schneiden. Den Essig mit der Gemüsebrühe, Senf, Salz und Pfeffer verrühren und das Öl unterschlagen. Schnittlauch waschen, in Röllchen schneiden und mit dem Gemüse und eventuell den Kapern unter die Vinaigrette mischen.

3 Die ausgekühlten Kartoffeln mit dem Mehl und dem Ei zu einem Teig vermischen. Petersilie waschen, die Blättchen abzupfen und fein schneiden. Käse in kleine Würfel schneiden. Beides mit den Sonnenblumenkernen unter den Kartoffelteig mischen und mit Salz und Pfeffer abschmecken. Aus dem Teig kleine Klößchen formen.

4 Das Öl im Wok erhitzen. Die Kartoffelbällchen hineingeben und 4 Min. fritieren, bis sie knusprig sind. Mit einem Schaumlöffel herausheben, auf Küchenpapier kurz abfetten lassen und mit der Vinaigrette servieren.

Im Bild vorne: Eierkuchen mit Ricotta
Im Bild hinten: Kartoffelbällchen

Rosmarinkartoffeln mit Schafkäse

- Raffiniert
- Gelingt leicht

Für 2 Personen:

4 Scheiben (Vollkorn-) Baguette
100 g fester milder Schafkäse (Feta oder Ricotta)
2 Knoblauchzehen
1 getrocknete Chilischote
1 EL Zitronensaft
500 g vorwiegend festkochende Kartoffeln
3 Zweige frischer Rosmarin
5 getrocknete, in Öl eingelegte Tomaten
4 EL Olivenöl
Salz · weißer Pfeffer

Zubereitungszeit: 25 Min.

Pro Portion ca.: 2535 kJ/605 kcal
20 g EW/27 g F/51 g KH

1 Die Rinde vom Brot mit einer Reibe abreiben. Das Brot würfeln.

2 Den Schafkäse in 1 cm große Würfel schneiden. Knoblauch schälen und durch die Presse dazudrücken. Chilischote im Mörser fein zerreiben und mit dem Zitronensaft ebenfalls dazugeben. Alles gut mischen.

3 Die Kartoffeln waschen, schälen und in 1 cm große Würfel schneiden. Mit Küchenpapier trockentupfen, damit das Wasser im heißen Fett nicht spritzt. Rosmarin waschen, die Nadeln abzupfen. Die Tomaten abtropfen lassen und in Streifen schneiden.

4 Den Wok erhitzen, das Öl darin heiß werden lassen. Die Kartoffeln dazugeben und bei starker bis mittlerer Hitze unter gelegentlichem Rühren 7 Min. braten, bis sie bißfest und schön gebräunt sind. Dann an den Wokrand schieben.

5 Das Brot mit dem Rosmarin in den Wok geben und 1 Min. braten. Kartoffeln mit Tomatenstreifen wieder untermischen, mit Salz (vorsichtig, der Käse enthält auch Salz) und Pfeffer würzen. Käsewürfel daraufgeben und zugedeckt in 1/2 Min. heiß werden lassen. Sofort servieren. Dazu schmeckt Gurkensalat mit Dill.

TIP!

Statt Schafkäse schmeckt auch mittelalter Pecorino, den Sie in feine Streifen schneiden und auf den Kartoffeln verteilen.

Buntes Mangoldgemüse mit Ricotta

- Raffiniert
- Gelingt leicht

Für 4 Personen:

1 kleine Staude Mangold (etwa 400 g)
1 Zucchino
1 gelbe Paprikaschote
200 g Tomaten
150 g fester Ricotta
1 EL Zitronensaft
Salz · Cayennepfeffer
3 EL Olivenöl
2 EL Pinienkerne
150 g ausgepalte Erbsen
1 kleines Bund Basilikum

Zubereitungszeit: 30 Min.

Pro Portion ca.: 865 kJ/205 kcal
10 g EW/14 g F/11 g KH

1 Den Mangold in die einzelnen Blätter teilen und waschen. Abtropfen lassen und die Blätter in kleinen Stücken abschneiden. Die Stiele putzen und sehr fein schneiden. Zucchino waschen, putzen und in Würfel schneiden. Paprika waschen, halbieren, putzen und ebenfalls würfeln. Die Stielansätze der Tomaten entfernen. Tomaten kurz überbrühen, häuten und würfeln.

2 Ricotta in 1 cm große Würfel schneiden und nebeneinander auf einen Teller legen. Zitronensaft mit Salz und Cayennepfeffer verrühren und über den Ricotta träufeln.

3 Den Wok erhitzen, das Öl darin heiß werden lassen. Die Pinienkerne darin 1/2 Min. braten, bis sie goldgelb sind. Mit einem Schaumlöffel herausheben.

4 Mangoldstiele und Paprika im Öl bei starker Hitze 2 Min. pfannenrühren. Zucchino 1 Min. mitbraten. Mangoldblätter mit Erbsen hinzufügen und weitere 2 Min. braten. Tomaten untermischen und heiß werden lassen.

5 Das Mangoldgemüse mit Salz und Cayennepfeffer abschmecken, den Ricotta darauf verteilen und zugedeckt in 1 Min. heiß werden lassen.

6 Inzwischen Basilikum waschen, die Blättchen abzupfen und in Streifen schneiden. Mit den Pinienkernen über das Gemüse streuen und sofort servieren.

Nudeln und Reis

In der asiatischen Küche gehören Reis und Nudeln ganz selbstverständlich zur täglichen Mahlzeit. Sie werden nicht immer frisch gekocht und sofort serviert, sondern häufig vorgegart und dann mit anderen Zutaten im Wok noch einmal erhitzt. Reis, der vom Vortag als Beilage übrig geblieben ist, eignet sich hervorragend, um ihn am nächsten Tag mit Gemüse und eventuell Eiern in ein schnelles Wokgericht zu verwandeln. Aus diesen Anregungen sind die meisten Gerichte in diesem Kapitel entstanden, manche jedoch sind europäischen Ursprungs, weil beispielsweise Pilze im Wok noch viel besser gelingen als in der Pfanne, und mit Nudeln gemischt einfach köstlich schmecken.

Nudeln aus Asien

In der asiatischen Küche unterscheiden sich die Nudeln nicht nur in ihren Formen, sondern auch in ihrer Zusammensetzung. So werden Nudeln aus Getreidemehlen, aber auch aus der Stärke von Bohnen hergestellt.

Glasnudeln

Sie werden aus der Stärke von Soja- oder Mungobohnen und Wasser hergestellt. Die Nudeln werden weich, wenn man sie in Wasser einweicht oder ganz kurz kocht. Lange Nudeln eventuell nach dem Einweichen mit einer Küchenschere kleiner schneiden. So lassen sie sich einfacher essen. Hellweiß und dicker werden trockene Glasnudeln, wenn man sie in Öl fritiert.

Nudelvielfalt asiatisch:
1 Glasnudeln, 2 Reisnudeln,
3 Mu, chin. Nudeln, 4 Long life, chin. Eiernudeln,
5 Chin. Instant-Eiernudeln

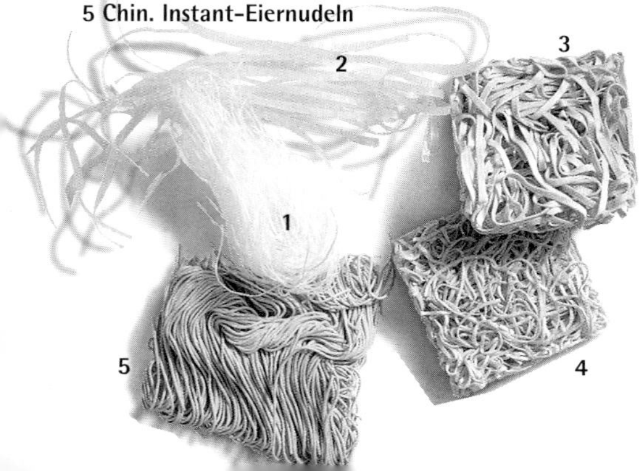

Reisnudeln
Sie werden aus gemahlenem Reis und Wasser hergestellt. Es gibt sie so dünn wie Spaghetti aber auch breit wie Bandnudeln. Man weicht sie in heißem Wasser ein oder kocht sie 3–4 Min. darin. Die vorher fast durchsichtigen Nudeln werden dabei weiß.

Chinesische Eiernudeln
Sie werden aus Weizenmehl mit oder ohne Ei hergestellt. Es gibt sie auch als Instant-Nudeln, die in Minutenschnelle gegart sind.

Japanische Nudeln
Sie bestehen aus Weizen (Udon-Nudeln) oder aus Buchweizen (Soba-Nudeln) und werden meist zu dicken Bandnudeln geformt. Sie schmecken gut in Suppen, aber auch mit Saucen.

Nudeln richtig vorbereitet

Glasnudeln müssen in Wasser quellen, damit sie biegsam und weich werden. Ausnahme: Fritierte Glasnudeln garen ohne vorheriges Einweichen. Reisnudeln kann man sowohl in heißem Wasser quellen lassen als auch kochen. Kochen geht in jedem Fall schneller.
Alle anderen Nudeln werden wie gewohnt gekocht. Damit die Nudeln beim nochmaligen Erhitzen im Wok nicht zu weich werden, gart man sie nicht ganz durch. Anschließend schrecken Sie sie unter fließendem kaltem Wasser ab. Sie garen so nicht weiter und kleben nicht zusammen. Nudeln, die im Wok knusprig werden sollen, müssen möglichst trocken sein, da Wasser im heißen Öl spritzt. Verwenden Sie reichlich Öl, damit die Nudeln nicht ankleben, sondern knusprig werden.

Reis und anderes Getreide

Reis ist der Klassiker für die Zubereitung im Wok, aber alle anderen Getreidearten eignen sich ebenso. Wichtig ist, daß die Körner nach dem Garen gut auskühlen, damit sie beim Braten knusprig werden. Vor dem Garen wäscht man sie unter fließendem kaltem Wasser, um einen Teil der Stärke abzuwaschen. Sollen die Körner aneinander kleben wie bei Klößchen, wäscht man sie nicht.

Reis, der besonders gut schmeckt

Sie können alle Reissorten zum Garen im Wok nehmen. Einige Sorten schmecken jedoch besonders gut.
Basmatireis kommt aus Indien. Man nennt ihn auch den König der Reissorten. Er ist länglich, verströmt einen feinen Duft. Die Körner quellen zwar beim Garen um das Doppelte auf, brauchen aber dennoch weniger Wasser zum Garen als andere Reissorten. Die eineinhalbfache Menge Wasser genügt in der Regel.
Duftreis stammt aus China und Thailand und duftet ebenso fein wie Basmatireis. Beide Sorten können Sie inzwischen in vielen Supermärkten kaufen, in besonders guter Qualität sind sie in Asienläden im Angebot.
Wildreis ist eigentlich eine Grasart. Er wächst vor allem in Kanada und Nordamerika in Seen. Da er ziemlich teuer ist, wird er häufig mit Langkornreis gemischt angeboten. Sie bekommen diese Mischung, aber auch den puren Wildreis inzwischen in jedem Supermarkt.
Für Pflänzchen und Bällchen eignet sich sehr gut Risottoreis. Die Körner enthalten viel Stärke und kleben daher sehr gut zusammen.

So unterschiedlich ist Reis:
1 Wildreis, 2 Risottoreis, 3 Duftreis, 4 Basmatireis

Reisbällchen mit Gurkensauce

- Gut vorzubereiten
- Raffiniert

Für 4 Personen:

Für die Reisbällchen:
300 g Langkorn-Wildreis-Mischung
Salz
2 Eier
50 g Mehl
2 EL gemahlene Mandeln
Pfeffer
Für die Sauce:
1 Bund Frühlingszwiebeln
2 Knoblauchzehen
1 Stück Ingwer
1 Gärtnergurke
100 g süßscharfe Sauce (aus dem Asienladen)
2 TL Reisessig
1 TL Sojasauce
Außerdem:
1/4 l Öl zum Braten bzw. Fritieren
einige Salatblätter

Zubereitungszeit: 50 Min.

Pro Portion ca.: 1785 kJ/425 kcal
12 g EW/9 g F/78 g KH

1 Reis mit 600 ml Wasser und Salz in einem Topf zum Kochen bringen und bei sehr schwacher Hitze in 20 Min. körnig ausquellen lassen. Ausdämpfen und etwas abkühlen lassen.

2 Inzwischen für die Sauce Frühlingszwiebeln waschen und putzen, Knoblauch und Ingwer schälen und mit den Frühlingszwiebeln fein hacken. Gurke schälen, längs halbieren, entkernen, in feine Würfel schneiden.

3 Reis in einer Schüssel mit Eiern, Mehl und Mandeln vermischen und mit Salz und Pfeffer abschmecken. Mit angefeuchteten Händen zu etwa walnußgroßen Bällchen formen.

4 Wok erhitzen und 1 EL Öl darin heiß werden lassen. Frühlingszwiebeln mit Knoblauch und Ingwer darin unter Rühren 2 Min. braten, herausnehmen und in eine Schüssel geben. Gurke mit süßscharfer Sauce untermischen und mit Reisessig und Sojasauce abschmecken.

5 Übriges Öl im Wok heiß werden lassen. Reisbällchen darin portionsweise in 4–5 Min. rundherum knusprig braun braten.

6 Inzwischen Salatblätter waschen, trockentupfen und in Streifen schneiden. Reisbällchen abtropfen lassen, auf den Salatblättern anrichten und mit der Sauce heiß servieren.

Reispflänzchen im Lauchblatt

- Gut vorzubereiten
- Für Gäste

Für 4 Personen:

200 g Rundkornreis
400 ml Gemüsebrühe
1 großes Bund Basilikum
1/2 unbehandelte Zitrone
2 Knoblauchzehen
1 dicke Stange Lauch
Salz
1 EL Pinienkerne
1 Ei · 2 TL Kapern
50 g frisch geriebener Parmesan
Cayennepfeffer
einige stabile Schnittlauchhalme
3 EL Olivenöl
200 g passierte Tomaten (Fertigprodukt)

Zubereitungszeit: 50 Min.

Pro Portion ca.: 1774 kJ/424 kcal
13 g EW/13 g F/61 g KH

1 Reis mit Gemüsebrühe zum Kochen bringen und zugedeckt bei schwacher Hitze in 20 Min. ausquellen lassen. In eine Schüssel geben und etwas abkühlen lassen.

2 Inzwischen Basilikum waschen, die Blättchen abzupfen. Einen Teil beiseite legen, den Rest fein hacken. Zitrone heiß abwaschen, gut abtrocknen und die Schale fein hakken. Knoblauch schälen und durch die Presse drücken.

3 Lauch waschen. Einige Blätter so vorsichtig ablösen, daß sie ganz bleiben. In kochendem Salzwasser 1 Min. blanchieren, kalt abschrecken und abtropfen lassen. In 10 cm lange Stücke schneiden. Vom übrigen Lauch ein etwa 4 cm langes Stück fein hacken.

4 Wok erhitzen, Pinienkerne darin ohne Fett goldgelb rösten. Reis mit Zitronenschale, Basilikum, Knoblauch, Pinienkernen, Ei, Kapern und Parmesan mischen und mit Salz und Cayennepfeffer abschmecken.

5 Reismasse zu kleinen flachen Pflänzchen formen und jeweils in 1 Lauchstück einwickeln. Schnittlauch waschen, Päckchen damit zusammenbinden.

6 Wok wieder erhitzen. Öl darin heiß werden lassen. Lauchpäckchen hineinlegen und unter gelegentlichem Wenden 5 Min. braten. Zugedeckt warm halten.

7 Gehackten Lauch in den Wok geben und bei starker Hitze unter ständigem Rühren 3 Min. braten. Tomaten dazugeben und heiß werden lassen. Mit Salz und Cayennepfeffer abschmekken und mit den Pflänzchen servieren. Mit dem übrigen Basilikum garnieren.

TIPS!

Statt Lauch können Sie zum Einwickeln auch Weinblätter nehmen. Die Blätter gibt es in Salzlake eingelegt in türkischen und griechischen Geschäften, Sie können aber auch frische Blätter kaufen und sie in Salzwasser 1 Min. blanchieren. Dann kalt abschrekken, abtropfen lassen. Und wer die Päckchen nicht braten möchte, kann sie im Dämpfeinsatz in 8–10 Min. zugedeckt dämpfen.

Im Bild vorne: Reisbällchen mit Gurkensauce
Im Bild hinten: Reispflänzchen im Lauchblatt

Hirse mit Bohnen und Pilzen

- Preiswert
- Gut vorzubereiten

Für 4 Personen:

250 g Hirse
10 Mu-Err-Pilze
400 g breite grüne Bohnen
4 Knoblauchzehen
1 rote Zwiebel
Saft von 1 Orange
2 EL Reiswein
2 TL Sesam- oder Erdnußpaste (aus dem Reformhaus)
200 g Tomaten
1 Chilischote · 4 EL Öl
Salz · schwarzer Pfeffer
1 Prise gemahlener Koriander

Zubereitungszeit: 1 Std.

Pro Portion ca.: 1570 kJ/375 kcal
11 g EW/11 g F/56 g KH

1 Hirse in einem Sieb kalt abspülen und abtropfen lassen. Mit 1/2 l Wasser in einem Topf zum Kochen bringen und zugedeckt bei schwacher Hitze in 20 Min. körnig ausquellen lassen. Dann ganz abkühlen lassen.

2 Inzwischen Mu-Err-Pilze 30 Min. in lauwarmem Wasser einweichen. Bohnen waschen, von den Enden befreien und leicht schräg in 1/2 cm breite Streifen schneiden. Knoblauch schälen und in feine Scheiben schneiden. Zwiebel schälen, längs halbieren und quer in feine Streifen teilen. Pilze abtropfen lassen, von den zähen Stielen befreien und in feine Streifen schneiden.

3 Orangensaft mit Reiswein und Sesam- oder Nußpaste mischen. Tomaten waschen, Stielansätze entfernen und würfeln. Chilischote waschen, putzen und entkernen. Mit den Tomaten im Mixer fein pürieren und mit Salz abschmecken.

4 Den Wok erhitzen. 3 EL Öl darin heiß werden lassen. Hirse darin unter ständigem Rühren 4 Min. braten. Herausnehmen.

5 Restliches Öl im Wok erhitzen. Bohnen darin unter Rühren bei starker Hitze 3 Min. braten. Pilze mit Knoblauch hinzufügen und alles weitere 2 Min. braten. Orangensaftmischung angießen und das Gemüse mit Salz, Pfeffer und Koriander abschmecken. Hirse wieder untermischen und erwärmen. Hirse heiß mit der kalten Tomatensauce servieren.

Gebratener Curryreis

- Preiswert
- Gelingt leicht

Für 4 Personen:

250 g Langkornreis (z. B. Basmatireis)
1 kleine Möhre
1 dünne Stange Lauch
1 rote Paprikaschote
100 g Champignons
100 g Mungobohnensprossen
4 EL Öl
100 g gepalte Erbsen (frisch oder tiefgekühlt und aufgetaut)
2 TL Currypulver
Salz
2 Eier
2 EL Reiswein
schwarzer Pfeffer

Zubereitungszeit: 50 Min.

Pro Portion ca.: 1985 kJ/475 kcal
18 g EW/12 g F/72 g KH

1 Reis in einem Sieb kalt abspülen, bis das ablaufende Wasser klar bleibt. In einem Topf mit 1/2 l Wasser zum Kochen bringen und zugedeckt bei schwacher Hitze in 20 Min. körnig ausquellen lassen. Dann ganz auskühlen lassen.

2 Möhre schälen und klein würfeln. Lauch putzen, längs halbieren, waschen und quer in Streifen schneiden. Paprika waschen, halbieren, putzen und würfeln. Pilze putzen und in Scheiben schneiden. Sprossen kalt abspülen und abtropfen lassen.

3 Wok erhitzen, 3 EL Öl darin heiß werden lassen. Reis hineingeben und unter ständigem Rühren braten, bis er leicht knusprig ist. Herausnehmen.

4 Restliches Öl im Wok erwärmen. Zerkleinertes Gemüse dazugeben und unter Rühren 5 Min. braten, bis es bißfest ist. Erbsen mit Curry untermischen, Gemüse salzen und noch 1 Min. braten. Reis wieder untermischen und erwärmen.

5 Eier mit Reiswein, Salz und Pfeffer verrühren. Masse unter den Reis mischen und nur einmal kurz durchrühren, bis die Eier gestockt, aber nicht trocken sind. Reis sofort servieren.

Im Bild vorne: Gebratener Curryreis
Im Bild hinten: Hirse mit Bohnen und Pilzen

Selleriereis mit Rosinen

- Gelingt leicht
- Raffiniert

Für 2 Personen:

150 g Langkorn-Wildreismischung
Salz
25 g Rosinen
etwa 75 ml Gemüsebrühe
5 Stangen Staudensellerie
1 große rote Zwiebel
1 kleines Bund Petersilie
2 TL Zitronensaft
1 Döschen gemahlener Safran
4 EL Öl
1 EL Mandelblättchen
Cayennepfeffer
1 Prise Zimtpulver

Zubereitungszeit: 45 Min.

Pro Portion ca.: 2260 kJ/540 kcal
10 g EW/19 g F/85 g KH

1 Reis mit 300 ml Wasser und Salz in einem Topf zum Kochen bringen und zugedeckt bei schwacher Hitze in 20 Min. ausquellen lassen. Dann in eine Schüssel füllen und abkühlen lassen.

2 Rosinen in der Gemüsebrühe einweichen. Sellerie waschen, die Fäden abziehen und die Stangen in feine Scheiben schneiden. Selleriegrün beiseite legen. Zwiebel schälen, der Länge nach halbieren und quer in feine Streifen schneiden. Petersilie waschen, trockenschwenken und fein hacken.

3 Rosinen abtropfen lassen, Gemüsebrühe auffangen und mit Zitronensaft und Safran verrühren.

4 Wok erhitzen, 3 EL Öl darin heiß werden lassen. Reis hineingeben und flach im Wok verteilen. Von einer Seite bei mittlerer bis starker Hitze in 3 Min. braun werden lassen. Dann wenden und noch 1 Min. braten. Zerpflücken und an den Rand des Woks schieben.

5 Restliches Öl im Wok erwärmen. Sellerie darin bei starker Hitze unter Rühren 3 Min. braten. Zwiebel mit Mandelblättchen hinzufügen und noch 1 Min. braten. Gemüsebrühe mit Rosinen untermischen, alles mit Salz, Cayennepfeffer und Zimt abschmecken.

6 Selleriegemüse mit Reis mischen, mit Petersilie und Fenchelgrün bestreuen und möglichst sofort servieren.

Kokosreis mit Zuckerschoten

- Gelingt leicht
- Raffiniert

Für 4 Personen:

400 g Zuckerschoten
1 Bund Frühlingszwiebeln
1 gelbe Paprikaschote
1 Zwiebel
1 Knoblauchzehe
1 Stück frischer Ingwer
2 EL neutrales Öl
300 g Langkornreis
1 Dose Kokosmilch (400 ml)
1/4 l Gemüsebrühe
2 EL Zitronensaft
2 TL Currypulver
Salz
1 kleines Bund Basilikum

Zubereitungszeit: 40 Min.

Pro Portion ca.: 1785 kJ/425 kcal
12 g EW/7 g F/82 g KH

1 Zuckerschoten waschen und von den Enden befreien. Frühlingszwiebeln putzen, gründlich waschen und mit dem zarten Grün in feine Ringe schneiden. Paprika waschen, halbieren, putzen und in Streifen teilen. Zwiebel, Knoblauch und Ingwer schälen und fein würfeln.

2 Den Wok erhitzen, das Öl darin heiß werden lassen. Gemüse darin unter ständigem Rühren bei starker Hitze 2–3 Min. braten, dann herausnehmen.

3 Zwiebel, Knoblauch und Ingwer in den Wok geben und 1 Min. braten. Reis hinzufügen und mitbraten, bis er vom Öl überzogen ist.

4 Kokosmilch und Gemüsebrühe angießen, den Reis mit Zitronensaft, Curry und Salz abschmecken und zugedeckt bei schwacher Hitze 15 Min. garen.

5 Dann das Gemüse wieder untermischen und alles noch 5 Min. garen.

6 Inzwischen Basilikum waschen, die Blättchen abzupfen und in Streifen schneiden. Den Kokosreis mit Basilikum bestreut servieren.

Knuspernudeln mit Mais-Spinat

- Gut vorzubereiten
- Raffiniert

Für 4 Personen:

250 g chinesische Eiernudeln
Salz
500 g Blattspinat
2 frische Maiskolben
2 Frühlingszwiebeln
2 Knoblauchzehen
1 Tomate
6 EL Öl
5 EL Gemüsebrühe
1 EL Sojasauce
2 TL Zitronensaft
1 TL Sambal oelek
Pfeffer
1 Prise Zucker

Zubereitungszeit: 45 Min.

Pro Portion ca.: 1640 kJ/390 kcal
15 g EW/15 g F/58 g KH

1 Eiernudeln nach Packungsanweisung garen. Dann in einem Sieb unter fließendem kaltem Wasser abkühlen.

2 Spinat waschen, von dicken Stielen und welken Blättern befreien und abtropfen lassen. Maiskolben eventuell von den Hüllblättern befreien, schräg auf ein Brett halten und die Körner mit einem scharfen Messer abschneiden. Frühlingszwiebeln putzen, gründlich waschen und mit dem zarten Grün in feine Ringe schneiden. Knoblauch schälen und fein hacken. Stielansatz der Tomate entfernen. Tomate kurz überbrühen, häuten und klein würfeln.

3 Wok erhitzen. 4 EL Öl darin heiß werden lassen. Nudeln hineingeben, wie einen Pfannkuchen verteilen und bei starker Hitze 3 Min. braten, bis er schön knusprig ist. Dann wenden und weitere 2 Min. braten.

4 Nudeln herausnehmen und im Backofen bei 50° warm halten. Restliches Öl in den Wok geben. Mais mit Frühlingszwiebeln darin bei starker Hitze 3 Min. braten. Spinat und Knoblauch mit Tomate hinzufügen und alles weitere 2 Min. unter Rühren garen, bis der Spinat zusammengefallen ist.

5 Gemüsebrühe, Sojasauce, Zitronensaft und Sambal oelek untermischen, Gemüse mit Salz, Pfeffer und Zucker abschmecken und über die Nudeln geben. Heiß servieren.

Pfifferlingsnudeln mit Zitrone

- Gelingt leicht
- Gut vorzubereiten

Für 4 Personen:

350 g kurze Nudeln (z. B. Fusilli oder dünne Penne)
Salz
500 g frische Pfifferlinge
1 unbehandelte Zitrone
3 Schalotten
1 großes Bund Petersilie
3 EL Öl · schwarzer Pfeffer
1 Prise gemahlener Kümmel
1 EL Butter

Zubereitungszeit: 20 Min.

Pro Portion ca.: 1560 kJ/375 kcal
13 g EW/12 g F/59 g KH

1 Nudeln in reichlich sprudelnd kochendem Salzwasser knapp bißfest garen, dann in ein Sieb gießen und unter fließendem kaltem Wasser abkühlen lassen. Sehr gut abtropfen lassen.

2 Pfifferlinge von den Stielenden befreien und mit Küchenpapier sauber abreiben. Größere Pilze halbieren.

3 Zitrone heiß waschen, abtrocknen, die Schale dünn abschälen und fein hacken. Schalotten schälen, der Länge nach halbieren und quer in feine Streifen schneiden. Petersilie waschen, trockenschwenken, die Blättchen fein hacken.

4 Wok erhitzen, das Öl darin heiß werden lassen. Pilze darin bei starker Hitze unter ständigem Rühren 5 Min. braten.

5 Schalotten dazugeben und noch 1 Min. braten. Nudeln, Zitronenschale und Petersilie untermischen und so lange weitergaren, bis die Nudeln heiß sind. Mit Salz, Pfeffer und Kümmel pikant abschmecken. Butter unterziehen und die Nudeln sofort servieren.

TIP!

Die Pfifferlinge sollten Sie möglichst nicht waschen, sie saugen sich leicht mit Wasser voll. Außerdem beim Braten nicht salzen, sonst ziehen sie ebenfalls Wasser und werden nicht mehr braun.

Im Bild vorne: Knuspernudeln mit Mais-Spinat
Im Bild hinten: Pfifferlingsnudeln mit Zitrone

Reisnudeln mit Wirsing und Pilzen

- Preiswert
- Gelingt leicht

Für 4 Personen:

300 g breite Reisnudeln
Salz
250 g junge Wirsingblätter
300 g Austernpilze
1/2 rote Paprikaschote
75 ml Gemüsebrühe
3 EL Limettensaft
3 EL helle Sojasauce
4 EL Öl · Cayennepfeffer
einige frische Koriander- oder Kerbelblättchen

Zubereitungszeit: 25 Min.

Pro Portion ca.: 1735 kJ/415 kcal
6 g EW/10 g F/76 g KH

1 Für die Reisnudeln reichlich Wasser mit Salz zum Kochen bringen. Nudeln darin 3–4 Min. kochen lassen, bis sie bißfest sind. Dann in einem Sieb kalt abschrecken und abtropfen lassen.

2 Inzwischen Wirsing waschen, von den dicken Blattrippen befreien und in feine Streifen schneiden. Pilze mit Küchenpapier sauber reiben, von den zähen Stielen befreien und ebenfalls in feine Streifen schneiden. Paprika waschen, putzen und sehr fein hacken.

3 Gemüsebrühe mit Limettensaft und Sojasauce mischen.

4 Wok erhitzen, Öl darin heiß werden lassen. Pilze darin unter Rühren 1 Min. braten, an den Rand des Woks schieben. Wirsing hinzufügen und unter Rühren 4–5 Min. braten, bis er bißfest ist.

5 Pilze wieder untermischen, Reisnudeln und Flüssigkeit dazugeben und alles in 1 Min. unter Rühren sehr heiß werden lassen. Mit Salz und Cayennepfeffer abschmecken und mit der Paprikaschote und den Kräuterblättchen bestreut servieren.

Suppe mit chinesischen Wan-Tans

- Gut vorzubereiten
- Für Gäste

Für 4 Personen:

250 g Mehl · Salz
250 g Champignons
2 Stangen Lauch
2 Knoblauchzehen
1 Stück frischer Ingwer (etwa 1 cm)
1 EL Öl
50 g gesalzene Erdnüsse
2 Eiweiß
3 TL Speisestärke
1 EL Sojasauce
Cayennepfeffer
2 junge Möhren
einige Zweige Koriandergrün (oder Petersilie)
3/4 l Gemüsebrühe

Zubereitungszeit: 1 1/4 Std.

Pro Portion ca.: 2095 kJ/510 kcal
21 g EW/13 g F/76 g KH

1 Für den Teig Mehl mit 1/8 l kaltem Wasser und 1 kräftigen Prise Salz zu einem glatten Teig verkneten. Zugedeckt 30 Min. bei Zimmertemperatur ruhen lassen.

2 Inzwischen für die Füllung Pilze putzen und sehr fein hacken. Lauch waschen, putzen und ebenfalls sehr fein schneiden. Knoblauch und Ingwer schälen, grob zerkleinern und durch die Knoblauchpresse in eine Schüssel drücken.

3 Wok erhitzen, Öl darin heiß werden lassen. Pilze mit Lauch darin unter Rühren bei starker Hitze 2 Min. braten. Herausnehmen und zu Knoblauch und Ingwer geben.

4 Erdnüsse sehr fein hacken und mit Eiweißen und Speisestärke unter die Pilzmischung mengen. Mit Sojasauce, Salz und Cayennepfeffer würzen.

5 Teig nochmals durchkneten, auf wenig Mehl dünn ausrollen und mit einem Glas Kreise von etwa 8 cm Ø ausstechen. Jeweils in die Mitte etwas Füllung geben, Teig darüber hochnehmen und zu Säckchen zusammendrücken.

6 Teigtaschen in den Dämpfeinsatz setzen. Je nach Größe des Einsatzes müssen Sie sie in zwei Partien garen. Im Wok etwa 4 cm hoch Wasser zum Kochen bringen. Dämpfeinsatz einsetzen und die Nudeltaschen zugedeckt 10 Min. dämpfen.

7 Inzwischen Möhren schälen und in feine Stifte (Juliennes) schneiden. Koriander waschen, Blättchen abzupfen.

8 Teigtaschen aus dem Wok nehmen, Wasser ausgießen. Gemüsebrühe mit Möhren erhitzen, 2–3 Min. köcheln lassen. Wan-Tans in die Brühe geben und wieder heiß werden lassen. Mit Koriander bestreut servieren.

Im Bild vorne: Suppe mit chinesischen Wan-Tans
Im Bild hinten: Reisnudeln mit Wirsing und Pilzen

Süßscharfe Buchweizen-nudeln

- Gelingt leicht
- Veganes Gericht

Für 4 Personen:

300 g japanische Soba-nudeln
Salz
2 junge Zucchini
200 g Austernpilze
2 Knoblauchzehen
1 Stengel Zitronengras
1 Bund Basilikum
1 Bund Schnittlauch
5 EL Öl
1 EL Sesamsamen
50 g süßscharfe Sauce (Fertigprodukt aus dem Asienladen)

Zubereitungszeit: 35 Min.

Pro Portion ca.: 1695 kJ/405 kcal
14 g EW/12 g F/67 g KH

1 Für die Nudeln reichlich Wasser mit Salz zum Kochen bringen. Nudeln darin knapp bißfest kochen, unter fließendem kaltem Wasser abkühlen und sehr gründlich abtropfen lassen.

2 Zucchini waschen, putzen und in knapp 1 cm große Würfel schneiden. Pilze von den zähen Stielen befreien, mit Küchenpapier sauber reiben und in Streifen schneiden. Knoblauch schälen und in Scheiben schneiden. Zitronengras waschen und in 1 cm lange Stücke schneiden. Kräuter waschen und trockenschwenken. Basilikumblättchen abzupfen, Schnittlauch in 1 cm lange Stücke schneiden.

3 Wok erhitzen. 4 EL Öl darin heiß werden lassen. Nudeln hineingeben und in 2 Min. auf der Unterseite knusprig werden lassen. Wenden und ebenfalls bräunen, dann herausnehmen, mit zwei Kochstäbchen etwas auseinander lösen und im Backofen bei 50° offen warm halten.

4 Restliches Öl in den Wok geben. Pilze und Zucchini darin mit Zitronengras unter Rühren 2 Min. braten. Knoblauch, Sesam und Basilikumblätter dazugeben und weitere 2 Min. braten.

5 Nudeln mit süßscharfer Sauce untermischen, alles mit Salz abschmekken und mit dem Schnittlauch bestreut heiß servieren.

Udonnudeln mit Spargel

- Raffiniert
- Gelingt leicht

Für 4 Personen:

250 g japanische Udonnudeln
Salz
500 g weißer Spargel
1 großes Bund Frühlingszwiebeln
2 EL Reiswein
2 EL heller Reisessig
2 EL helle Sojasauce
1 TL Wasabi (grüner Meerrettich aus der Tube)
4 EL Öl

Zubereitungszeit: 30 Min.

Pro Portion ca.: 1435 kJ/345 kcal
11 g EW/10 g F/52 g KH

1 Für die Nudeln reichlich Wasser mit Salz zum Kochen bringen. Nudeln darin knapp bißfest kochen, unter fließendem kaltem Wasser abkühlen und gründlich abtropfen lassen.

2 Spargel von den Enden befreien und von oben nach unten gründlich schälen. Die Köpfe knapp abschneiden, die Stangen leicht schräg in etwa 1/2 cm dicke Scheiben schneiden. Frühlingszwiebeln putzen, gründlich waschen und mit dem dunklen Grün in feine Ringe schneiden.

3 Für die Sauce Reiswein mit Essig, Sojasauce und Wasabi verrühren.

4 Wok erhitzen, 3 EL Öl darin heiß werden lassen. Spargel bei starker Hitze unter Rühren 4 Min. braten. Frühlingszwiebeln dazugeben und noch 1 Min. braten.

5 Restliches Öl mit den Nudeln dazugeben und noch 1 Min. braten, bis die Nudeln warm sind. Sauce darüber gießen, das Gericht mit Salz abschmecken und servieren.

Glasnudeln mit Gemüse-Tatar

- Raffiniert
- Für Gäste

Für 4 Personen:

400 g gemischtes Gemüse (zum Beispiel Kohlrabi, Möhren, Lauch und Rettich)
1 Stück frischer Ingwer (etwa 2 cm lang)
2 Knoblauchzehen
1 Bund Schnittlauch
1 Ei
1 EL Sesamöl
400 ml Öl zum Fritieren
150 g Glasnudeln
2 EL Reiswein (ersatzweise Gemüsebrühe)
2 EL helle Sojasauce
Salz · schwarzer Pfeffer

Zubereitungszeit: 35 Min.

Pro Portion ca.: 1275 kJ/305 kcal
7 g EW/11 g F/41 g KH

1 Gemüse waschen, putzen und sehr fein hacken. Ingwer schälen und zuerst in dünne Scheiben, dann in feine Stifte schneiden. Knoblauch schälen und fein hacken. Schnittlauch waschen und in 2 cm lange Stücke teilen. Ei mit Sesamöl verrühren.

2 Backofen auf 75° (Umluft 50°) vorheizen. Öl im Wok erhitzen. Glasnudeln auseinander lösen und in 4–5 Portionen jeweils 1–2 Min. im heißen Öl fritieren, bis sie aufgegangen und weiß sind. Herausheben und in den Backofen zum Warmhalten geben.

3 Wenn alle Nudeln fritiert sind, das Öl bis auf einen dünnen Film aus dem Wok gießen. Gemüse mit Ingwer und Knoblauch in den Wok geben und unter ständigem Rühren bei starker Hitze 3–4 Min. braten, bis es bißfest ist. Eimasse untermengen und 1/2 Min. braten. Reiswein und Sojasauce hinzufügen und alles mit Salz und Pfeffer abschmecken.

4 Glasnudeln auf Teller verteilen und mit dem Gemüsetatar bedecken. Mit Schnittlauch bestreut servieren.

Glasnudeln mit Paprika und Sprossen

- Gelingt leicht
- Raffiniert

Für 2 Personen:

100 g Glasnudeln
10 Mu-Err-Pilze
je 1 rote und grüne Paprikaschote
1 Limette
150 g gemischte Sprossen
4 EL neutrales Öl
2 EL Mohnsamen
2 TL Sambal oelek
1 TL Honig
Salz

Zubereitungszeit: 45 Min.

Pro Portion ca.: 1830 kJ/440 kcal
7 g EW/20 g F/61 g KH

1 Glasnudeln in lauwarmem Wasser 30 Min. quellen lassen. Mu-Err-Pilze getrennt ebenfalls in lauwarmem Wasser einweichen.

2 Inzwischen Paprika waschen, halbieren, putzen und in feine Streifen schneiden. Limette heiß abwaschen, abtrocknen, 1 Stück Schale dünn abschneiden und in feine Streifen teilen. Eine Hälfte der Limette auspressen. Sprossen kalt abspülen und abtropfen lassen. Mu-Err-Pilze abtropfen lassen, von den Stielen befreien und grob hacken.

3 Wok erhitzen, Öl darin heiß werden lassen. Paprika mit Mohn und Pilzen hinzufügen und bei starker Hitze 3–4 Min. pfannenrühren, bis die Paprikastreifen bißfest sind.

4 Glasnudeln abtropfen lassen, mit einer Küchenschere etwas kleiner schneiden und mit Sprossen, Limettenschale und -saft, Sambal oelek, Honig und 4 Eßlöffeln Wasser in den Wok geben. Alles unter Rühren garen, bis die Nudeln heiß sind. Mit Salz abschmecken und servieren.

Im Bild vorne: Glasnudeln mit Paprika und Sprossen
Im Bild hinten: Glasnudeln mit Gemüsetatar

A

B

C

E

Impressum

© 1999 Gräfe und Unzer Verlag GmbH, München. Alle Rechte vorbehalten. Nachdruck, auch auszugsweise, sowie Verbreitung durch Film, Funk und Fernsehen, durch fotomechanische Wiedergabe, Tonträger und Datenverarbeitungssysteme jeglicher Art nur mit schriftlicher Genehmigung des Verlages.

Redaktion: Christine Wehling
Lektorat: Stefanie Poziombka
Layout, Typographie, Umschlaggestaltung: Heinz Kraxenberger
Herstellung: Renate Hausdorf
Produktion: Helmut Giersberg
Fotos: Odette Teubner
Satz: Computersatz Wirth
Reproduktion: Repro Schmidt, Dornbirn
Druck und Bindung: Appl, Wemding
ISBN 3-7742-1004-7

Auflage	5.		
Jahr	03	02	01

Cornelia Schinharl
Sie lebt in der Nähe von München und studierte zunächst Sprachen, bevor sie sich dem Bereich Ernährung zuwandte. Nach der fundierten Ausbildung bei einer bekannten Food-Journalistin und einem Praktikum bei einem großen Hanburger Verlag, machte sie sich 1985 als Redakteurin und Autorin selbständig. Es sind seither zahlreiche Bücher von ihr erschienen.

Odette Teubner
wurde bereits zwischen Kameras, Scheinwerfen und Versuchsküche auf. Ausgebildet wurde sie durch ihren Vaten, den international bekannten Food-Fotografen Christian Teubner. Nach einem kurzen Ausflug in die Modefotografie kehrte sie in die Foodbranche zurück und hat seitdem das seltene Glück, Beruf und Hobby zu vereinen. Odette Teubner liebt die tägliche Herausforderung, die Frische und Natürlichkeit der Lebensmittel optimal in Szene zu setzen.

ABKÜRZUNGEN

TL = Teelöffel
EL = Eßlöffel
Msp. = Messerspitze

KJ = Kilojoules
Kcal = Kilokalorien
Ew = Eiweiß
F = Fett
Kh = Kohlenhydrate

DAS ORIGINAL · MIT GARANTIE · GU

Das Original mit Garantie

UNSERE GARANTIE: Sollte ein GU-Ratgeber einmal einen Fehler enthalten, schicken Sie uns bitte das Buch mit einem kleinen Hinweis und der Quittung innerhalb von sechs Monaten nach dem Kauf zurück. Wir tauschen Ihnen den GU-Ratgeber gegen einen anderen zum gleichen oder ähnlichen Thema um.

Ihr Gräfe und Unzer Verlag
Redaktion Kochen
Postfach 86 03 25
81630 München
Fax: 089/41981-113
e-mail: leserservice@graefe-und-unzer.de